中华精神家园

长河

种植细说

古代栽培与古代园艺

肖东发 主编　张学文 编著

中国出版集团
现代出版社

图书在版编目（CIP）数据

种植细说 / 张学文编著. — 北京：现代出版社，
2014. 11（2019.1重印）
　（中华精神家园书系）
　ISBN 978-7-5143-3089-2

　Ⅰ．①种… Ⅱ．①张… Ⅲ．①种植业－经济史－中国
－古代 Ⅳ．①F326.1

中国版本图书馆CIP数据核字(2014)第244579号

种植细说：古代栽培与古代园艺

主　　编：	肖东发
作　　者：	张学文
责任编辑：	王敬一
出版发行：	现代出版社
通信地址：	北京市定安门外安华里504号
邮政编码：	100011
电　　话：	010-64267325 64245264（传真）
网　　址：	www.1980xd.com
电子邮箱：	xiandai@cnpitc.com.cn
印　　刷：	北京密兴印刷有限公司
开　　本：	710mm×1000mm　1/16
印　　张：	11
版　　次：	2015年4月第1版　2019年1月第2次印刷
书　　号：	ISBN 978-7-5143-3089-2
定　　价：	40.00元

党的十八大报告指出："文化是民族的血脉，是人民的精神家园。全面建成小康社会，实现中华民族伟大复兴，必须推动社会主义文化大发展大繁荣，兴起社会主义文化建设新高潮，提高国家文化软实力，发挥文化引领风尚、教育人民、服务社会、推动发展的作用。"

我国经过改革开放的历程，推进了民族振兴、国家富强、人民幸福的中国梦，推进了伟大复兴的历史进程。文化是立国之根，实现中国梦也是我国文化实现伟大复兴的过程，并最终体现为文化的发展繁荣。习近平指出，博大精深的中国优秀传统文化是我们在世界文化激荡中站稳脚跟的根基。中华文化源远流长，积淀着中华民族最深层的精神追求，代表着中华民族独特的精神标识，为中华民族生生不息、发展壮大提供了丰厚滋养。我们要认识中华文化的独特创造、价值理念、鲜明特色，增强文化自信和价值自信。

如今，我们正处在改革开放攻坚和经济发展的转型时期，面对世界各国形形色色的文化现象，面对各种眼花缭乱的现代传媒，我们要坚持文化自信，古为今用、洋为中用、推陈出新，有鉴别地加以对待，有扬弃地予以继承，传承和升华中华优秀传统文化，发展中国特色社会主义文化，增强国家文化软实力。

浩浩历史长河，熊熊文明薪火，中华文化源远流长，滚滚黄河、滔滔长江，是最直接的源头，这两大文化浪涛经过千百年冲刷洗礼和不断交流、融合以及沉淀，最终形成了求同存异、兼收并蓄的辉煌灿烂的中华文明，也是世界上唯一绵延不绝而从没中断的古老文化，并始终充满了生机与活力。

中华文化曾是东方文化摇篮，也是推动世界文明不断前行的动力之一。早在500年前，中华文化的四大发明催生了欧洲文艺复兴运动和地理大发现。中国四大发明先后传到西方，对于促进西方工业社会的形成和发展，曾起到了重要作用。

中华文化的力量，已经深深熔铸到我们的生命力、创造力和凝聚力中，是我们民族的基因。中华民族的精神，也已深深植根于绵延数千年的优秀文化传统之中，是我们的精神家园。

总之，中华文化博大精深，是中国各族人民五千年来创造、传承下来的物质文明和精神文明的总和，其内容包罗万象，浩若星汉，具有很强的文化纵深，蕴含丰富宝藏。我们要实现中华文化伟大复兴，首先要站在传统文化前沿，薪火相传，一脉相承，弘扬和发展五千年来优秀的、光明的、先进的、科学的、文明的和自豪的文化现象，融合古今中外一切文化精华，构建具有中国特色的现代民族文化，向世界和未来展示中华民族的文化力量、文化价值、文化形态与文化风采。

为此，在有关专家指导下，我们收集整理了大量古今资料和最新研究成果，特别编撰了本套大型书系。主要包括独具特色的语言文字、浩如烟海的文化典籍、名扬世界的科技工艺、异彩纷呈的文学艺术、充满智慧的中国哲学、完备而深刻的伦理道德、古风古韵的建筑遗存、深具内涵的自然名胜、悠久传承的历史文明，还有各具特色又相互交融的地域文化和民族文化等，充分显示了中华民族的厚重文化底蕴和强大民族凝聚力，具有极强的系统性、广博性和规模性。

本套书系的特点是全景展现，纵横捭阖，内容采取讲故事的方式进行叙述，语言通俗，明白晓畅，图文并茂，形象直观，古风古韵，格调高雅，具有很强的可读性、欣赏性、知识性和延伸性，能够让广大读者全面接触和感受中国文化的丰富内涵，增强中华儿女民族自尊心和文化自豪感，并能很好继承和弘扬中国文化，创造未来中国特色的先进民族文化。

2014年4月18日

稼穑之源——古代栽培

耕种时代——古代农具

古苑栽培——古代园艺

我国农作物栽培起源于新石器时期，当时人们靠狩猎和采集野生植物维生。有些采集到的种子散落在住所附近，不经意间发芽、开花、结果、繁殖。人们通过观察植物的生长过程，逐渐学会了人工栽培作物，于是产生了最初的农业生产活动。

从新石器中晚期开始，我国古代劳动人民在水田技术、旱田技术，以及经济作物栽培方面，逐渐总结出了植物栽培技术，并由中原地区向外缘扩散。在这个传播过程中，引起了风俗习惯交流与民族融合，丰富了我国农耕文化。

稼穑之源

古代栽培

农作物种类与演变

我国在1万年前就产生了农耕文明。先是对可吃的植物进行种植，而后通过选择种植产量高的作物。

魏晋南北朝以前以"北粟南稻"为主，隋唐以后麦类得到推广，逐步形成"北麦南稻"的格局。

各种作物在种植中又培育和引入了一些新的作物品种。尤其是汉代引入的玉米、马铃薯及宋代引入的"占城稻"等作物，成为我国的主栽作物。

■ 五谷图中所绘的水稻

我国的农耕文明可以从新石器初期开始追溯。传说因神农氏见一只大鸟口衔一串金光灿灿的穗子落地生长而开始尝试播种，并制作农具教会人们耕作，从此我国的农耕文明得以产生。

据考古发现，在河北省武安磁山遗址发现了距今8000年前的碳化粟米粒，在浙江省浦江县上山遗址发现了1万年前的稻米遗存，可见我国的种植业在那时就已经开始了。

先秦时期的农作物经历了一个由多到少的过程。开始是可吃而无毒的植物都进行种植，随着人们对作物认识的提高，逐渐淘汰了一些产量低口感差的植物种类。

这个时期种植的作物总的来说是比较多的，但是主要作物还是集中在几种上。

夏代主要有谷、稻、麦、菽、糜等，《夏小正》即有关于夏代种植"黍菽糜"的记载。商代见于甲骨文的有黍、稷、稻、麦、米等字。周代则主要是粟、黍、稷、稻、粱、豆、麦、桑、麻等。

秦汉时期，各种作物所占的比例发生了一些变化。主要表现在麦和稻的种植更为普遍，它们在人们的粮食构成中日渐重要，特别是在北方，麦的种植得到大力推广。

神农氏 姜姓，烈山氏，因以火得王，故称炎帝。神农部落末代首领，也是当时各部落联盟公推的天下共主。距今4000年以上生于湖北随县烈山。是传说中我国上古时代神农部落首领的名称，从神农开始至其后裔子孙，形成华夏族。

据《汉书·食货志》记载，在西汉时，政府在五谷中最重视麦和稻，种植麦子甚至引起了皇帝的重视。同时，人们在作物的种植中还学会了作物品种的选择培育，生产上出现了许多优良品种。

据西汉农学家氾胜之的《氾胜之书》记载，麦已有大麦与小麦、春麦与冬麦的区分，豆也有大豆与小豆的区分。江南的稻作农业也渐趋良种化。

比较著名的水稻品种有张衡在《南都赋》中说的"华乡黑秬""滍皋香粳"等。而东汉时期许慎编纂的《说文解字》中列有麦的品种8个，禾有7个，稻有6个，豆和麻各有4个，黍有3个，笒有2个。

汉代时人们还种植了较多的蔬菜和经济作物。东汉末期政论家崔寔的《四民月令》中提到的蔬菜有瓜、瓠、葵、冬葵、苜蓿、芥、芜菁、芋、蘘荷、生姜、葱、青葱、大蒜、韭葱、蓼、苏等。经济作物主要有桑、麻、芝麻、蓼蓝和胡瓜。

汉代还开通了我国与西亚各国的物资交流，从西域国家引入了西瓜、黄瓜、蚕豆、青葱、大蒜、胡椒、芝麻、葡萄和苜蓿等作物。

魏晋南北朝时期，作物格局依然是南稻北粟，但麦类的种植逐渐

■ 许慎著《说文解字》

普遍，在北方大有追赶粟类之势，在南方则随着北方移民的入迁也开始有少量种植。

据北魏时期的农学家贾思勰著的《齐民要术》记载，这时北方已有旱稻种植。农人们除了种植大田粮食作物外还比较重视其他作物的种植。

蔬菜瓜果作物沿袭前代；染料作物出现了红蓝花、栀子、蓝、紫草等；油料作物有胡麻、荏等，其中胡麻在黄河流域已经普遍种植；饲料或绿肥作物有苜蓿、芜菁、苕草等；糖料作物有甘蔗；纤维作物有麻。

值得一提的是，这个时期人们已重视作物的选种和良种培育工作，并在实践中积累了一定的经验和方法。在选种、留种、防杂保纯等方面，具有相当的科学性，至今在品种的提纯复壮中仍有沿用。

由于培育良种，这个时期涌现出大量的农作物新品种。如粟类以成熟时间的先后分为早谷和晚谷两个品种，以谷粒的颜色又分为黄谷、青谷、白谷、黑谷等品种。

据晋时书籍《广志》记载粟的品种有11个，水稻品种有13个；《齐民要术》所记粟的品种有80多个，水稻品种有24个，并各有名称。

隋唐时期作物种类有了较大的变化。唐末韩鄂《四时纂要》记载

■ 现存于博物馆内的汉代水稻种子

陆羽（公元733年—公元804年），字鸿渐，一名疾，字季疵，号竟陵子、桑苎翁、东冈子，又号"茶山御史"。复州竟陵，即今湖北天门人。一生嗜茶，精于茶道，以著世界第一部茶叶专著《茶经》闻名于世，对我国茶业和世界茶业发展做出了卓越贡献，被誉为"茶仙"，尊为"茶圣"，祀为"茶神"。

的作物品种比北朝时的《齐民要术》有所增加，其中粮食作物除传统的粟、麦、稻、黍、菽外，又有薯蓣、荞麦和薏苡等。这3种作物可能在唐以前已有所种植，如荞麦在陕西咸阳的汉墓中曾有出土，但是到了唐朝才见于文献记载。

随着水稻种植业的发展，也出现了许多水稻的优良品种。据《四时纂要》及其他文献的零星记载，这个时期的水稻品种主要有蝉鸣稻、玉粒、江米、白稻、香稻、红莲、红稻、黄稻、獐牙稻、长枪、珠稻、霜稻、罢亚、黄䅯、乌节15种。除白稻、香稻和黄䅯外，其中香粳还是苏州和常熟的贡品，黄䅯和乌节则为扬州的贡品。

这个时期麦类则在北方大规模种植，在南方也小面积地种植于丘陵旱地。此时麦类已成为仅次于稻，而与粟处于同等地位的粮食作物，并在全国形成了南稻北麦的生产格局。

在《四时纂要》中还有关于茶叶、食用菌的种植记载。其中茶叶种植在唐代"茶圣"陆羽出版《茶经》之后得到迅速发展，唐朝全国产茶地有50多个州郡。事实上，我国茶树大规模种植是从唐代开始的。

五代宋元时期，随着北方人的大量南迁，给南方带来了种麦技术，再加上政府鼓励，南方麦类种植面积日益扩大。当时市场上麦的价格也很高，而政府有南方种麦不用交课粮的政策，从而刺激了南方麦类的扩大种植。

南方的农作物仍以水稻为主，麦类种植的南移并未影响到水稻的种植面积，倒是成就了南方麦、稻一年两熟制的形成。

宋代曾经大规模种植"占城稻"，"占城稻"原产于占城，就是现在的越南中部，又称早禾或占禾。1011年以前已在福建种植，由福建商人从占城引入，它的主要特性是早熟耐旱且耐瘠薄。在南宋的许多地方志中都有关于占城稻的种植记载，这也说明了该品种具有广泛的环境适应能力。

占城稻是我国水稻种植史上首个外来品种。随着各地栽培环境的差异，又在各地演化出众多适合各地生长的新品种。

如在嘉泰《会稽志》中就记有"早占城""红占城""寒占城"等品种。占城稻的引入种植，对于我国稻作生产产生了深远的影响。

到了元代，人们对于水稻的各个类型已有充分的认识。

■ 出土的新石器时代炭化稻谷

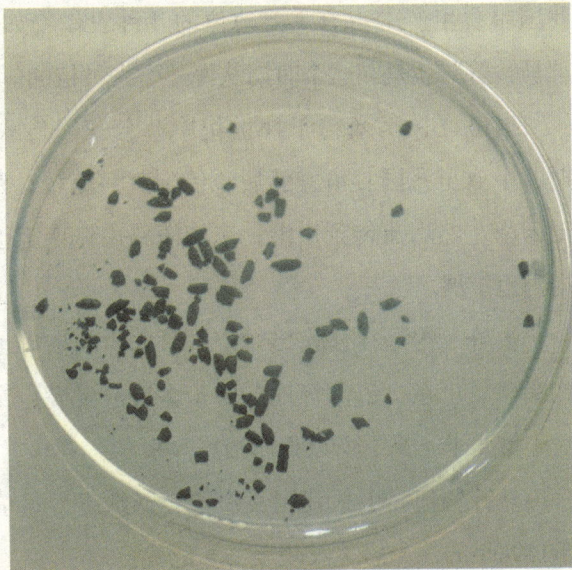

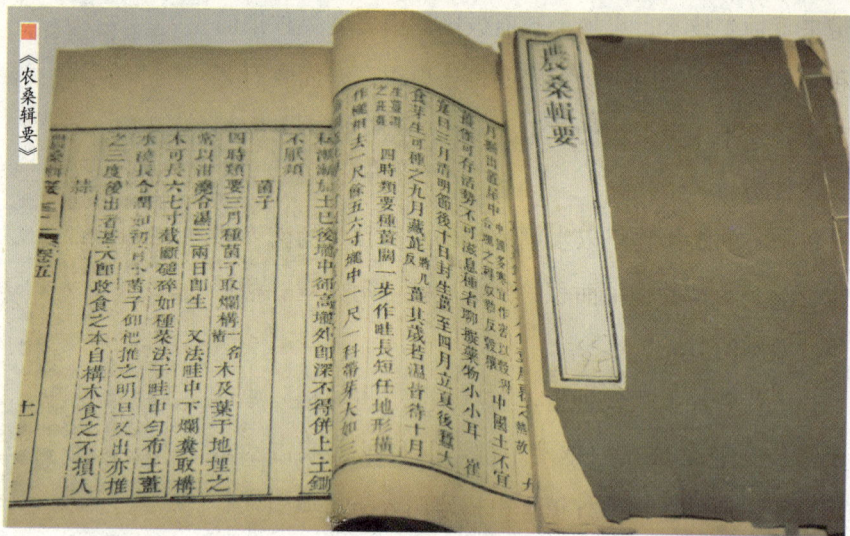

人们认为籼稻较为早熟，而粳稻多为中、晚熟。如《王桢农书·收获篇》记载，南方"稻有早、晚、大、小之别"，"六七月则收早禾，其余则至八九月"，其称"晚禾"为"大禾"。而当时江南俗称粳稻为"大稻"，称"籼稻"为"小稻"。

明代，随着我国与海外交往的增多，多种作物引入种植。目前在我国粮食生产中占有重要地位的几种农作物如"玉米""番薯"以及"马铃薯"就是在这个时期从海外引入种植的。

据考证，玉米约于16世纪中叶分三路传入我国。西北陆路自波斯、中亚至我国甘肃，然后流传到黄河流域；西南陆路自印度、缅甸至云南，然后流传到川黔；东南海路由东南亚至沿海闽广等省，然后向内地扩展。

番薯大约是在公元1582年由吕宋、安南等地传入我国，最早种植在福建、广东、云南等地。由于番薯产量高，亩可收获数千斤，而且对土壤要求不高，所以得以推广开来。

马铃薯何时引入我国，由于史料缺乏，目前尚无定论，但据成书于1628年的徐光启《农政全书》记载：

土芋，一名土豆，一名黄独，蔓生叶如豆，根圆如鸡卵，内白皮黄……煮食、亦可蒸食，又煮芋汁，洗腻衣，洁白如玉。

可见这个时期马铃薯这个作物品种已经广为人知、普遍栽种。

这个时期，在南方的水稻种植中，不断有新品种培育出来。明代黄省曾的《稻品》也在这时问世，这是我国首部记载水稻品种的书籍。书中记载有江南水稻品种38个，其中粳稻品种21个，籼稻品种4个，糯稻品种13个。

清代前期，在传统粮食作物种植上获得了较大的突破，主要表现在选育出了大量的优良农作物新品种。据乾隆年间官修《授时统考》记载，有16省水稻良种3000多个，谷子良种300个，小麦良种30余个，大麦良种10余个。

水稻新品种的问世，使南方大面积流行种植"双季稻"。如苏州织造李煦在属地推广李英贵种稻之法，从一次秋收变为两次成熟，从单季岁稔时亩产谷三四石，到两季合计亩产六石六斗，提高了粮食产量。

北方则推广了南方的一些农作物品种。

如康熙时天津总兵蓝理

黄省曾（公元1490年—公元1540年），字勉之，号五岳山人。明代学者。其一生著述颇丰，内容涉及经学、史学、地理、农学等多方面。农学著作主要有《稻品》《养蚕经》《种鱼经》《艺菊书》，此四书合称为《农圃四书》。此外，还有《种芋法》和《兽经》。

■ 明代徐光启的《农政全书》

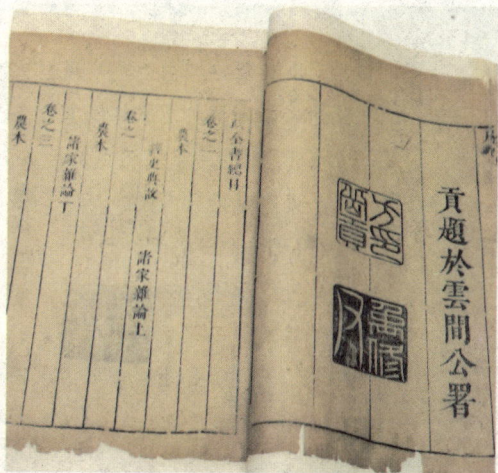

清朝农民塑像

在京津地区反复试种水稻，终获成功，使这一地区以驰名的"小站稻"而成为北方的鱼米之乡。

又如乾隆时两江总督郝不麟将福建耐旱的早稻品种"畲粟"引进安徽种植，大获成功，进而推广到北方各省。

此外，这个时期还在全国推广海外引进的一些高产农作物品种，如番薯、马铃薯、花生等，使之成为当时农民的主要农作物。

总之，我国古代农作物从上古时期吃无毒植物，到有选择地种植数种作物，随后又不断进行选种和品种培育，并引入外来作物，使栽培作物得以进一步丰富和发展。在此期间，历代政府对于农作物种类抑或品种的推广，起到巨大的推动作用。

阅读链接

康熙帝曾经在西苑丰泽园试种出了早熟醇香的御稻，又在天津一带种植。后来将军蓝理任天津总兵时，在天津、丰润、宝坻开水田栽稻。试验成功后，在天津等地推广。

康熙帝指导工匠导河修渠，并亲自绘制水闸、水车图形，使得150顷水田全部种上了水稻，并获得高产，从而结束了长城内外沿线不种水稻的历史。

后人为了纪念蓝理的功德，称当时的150顷水稻田为"蓝田"，至今仍是北方重要的水稻产地。后天津小站地区出产的稻米称"小站稻"。

稻作历史及栽培技术

我国是世界上最早栽培水稻的国家之一，野生稻驯化和栽培技术的进步，都有十分悠久的历史。我国栽培的水稻属亚洲栽培稻，其祖先种为多年生的普通野生稻。

宋代水稻栽培种植技术有了提高，从越南传入的占城稻逐渐得到推广。

明清时期，南方已经可以种植双季稻、三季稻了。在长期栽培中，培育出了许多优良品种，并形成独具特色的我国古代稻作技术。

■ 宋代稻谷

■ 原始人耕种水稻
复原图

亚种 是次于种的一个种级分类等级，为国际动物命名法规所承认的最低分类等级，是某个种的表型上相似种群的集群，栖息在该物种分布范围内的次级地理区，而且在分类学上和该种的其他种群不同。同种生物不同亚种之间可以交配繁殖可育后代，例如：黄种人与白种人。

　　我国水稻栽培历史悠久。根据考古发掘报告，我国数十处新石器时代遗址有炭化稻谷或茎叶的遗存。浙江省余姚河姆渡新石器时期遗址和桐乡罗家角新石器时期遗址出土的炭化稻谷遗存，已有7000年左右的历史。

　　古人栽培水稻的历史遗迹，以太湖地区的江苏南部、浙江北部最为集中，长江中游的湖北省次之，其余散处江西、福建、安徽、广东、云南、台湾等省。

　　新石器晚期遗存在黄河流域的河南、山东也有发现。出土的炭化稻谷已有籼稻和粳稻的区别，表明籼、粳两个亚种的分化早在原始农业时期就已出现。

　　战国时期，由于铁制农具和犁的应用，作物栽培开始走向精耕细作，同时为发展水稻兴修了大型水利工程，如河北漳水渠、四川都江堰、陕西郑国渠等。

　　我国水稻原产于南方，大米一直是长江流域及其以南地区人民的主粮。魏晋南北朝以后经济重心南移，北方人口大量南迁，更促进了南方水稻生产的迅速发展。唐宋以后，南方一些稻区进一步发展成为全国稻米的供应基地。

关于水稻的品种，在文字记录较早的《管子·地员》篇中，记录了10个水稻品种的名称和它们适宜种植的土壤条件。以后历代农书以至一些诗文著作中，也常有水稻品种的记述。

我国古代劳动人民在水稻栽培过程中，在稻田种类、耕作时间、播种和育秧、灌溉、施肥、病虫害防治、收获等方面，积累了丰富的经验。

元代农学家王祯的《农书》中将田地分为9类：井田、区田、圃田、围田、柜田、架田、梯田、涂田和沙田。同水稻种植有关的是围田、柜田、架田、梯田、涂田和沙田这6类。

王祯（公元1271年—公元1368年），字伯善，元代东平（今山东东平）人。元代农学家、农业机械学家。著有《王祯农书》或称《农书》。《农书》末并附撰《造活字印书法》，记述其木活字版印刷术。《王祯农书》在我国古代农学遗产中占有重要地位。

013

稼穑之源

古代栽培

■ 新石器时代猿人耕种场景复原图

太湖地区的围田，约起源于春秋战国至秦，渐有发展，至汉时进一步拓展。早期的围垦，因水面大，下游泄水通畅，粮食增产显著。

为了解决洪涝问题，古人将围田与开挖塘浦并举，从而逐渐形成了横塘纵浦之间，围圩棋布的塘浦圩田系统。

架田又名葑田，是在沼泽中用木桩作架，挑选菰根等水草与泥土掺和，摊铺在架上，在此种植稻谷。这样种植的作物漂浮在水面，随水高下，不致淹没。宋元时，江南、淮东和两广就有这种架田。

古人为了扩大耕地，向山区要田就是梯田，向水面要田就是围田。如四川湖南等省的"塝田"，粤北和赣东的"排田"，还有古书所称的"口田""雷鸣田""山田""岩田"等。

关于水稻的耕作制度，水稻原产一般一年只能种植一季。自从有了早稻品种，种植范围就渐向夏季日照较长的黄河流域推进，而在南方当地，就可一年种植两季以至三季，比如明代出现的三季稻就是如此。

从宋代至清代，双季间作稻一直是福建、浙江沿海一带的主要耕

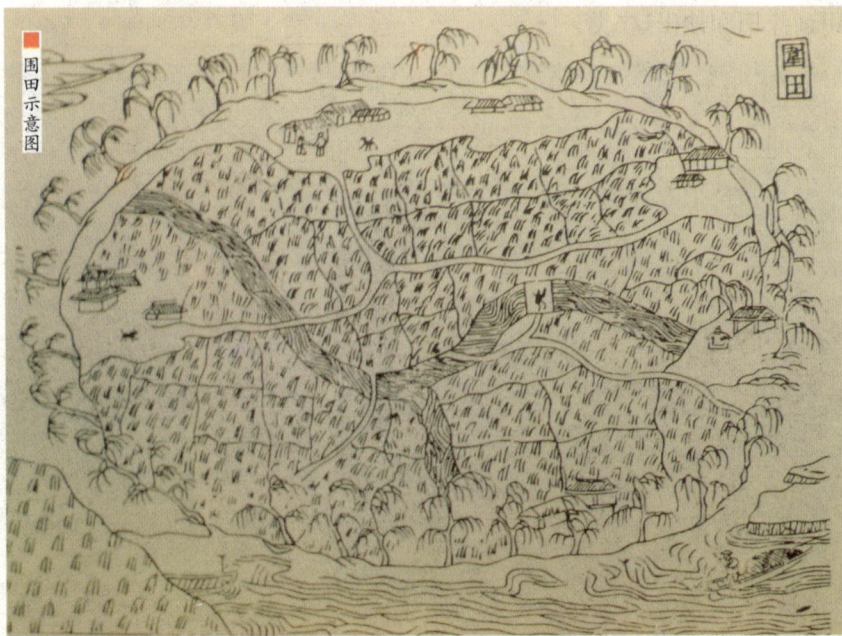

围田示意图

作制度，双季连作稻的比重很小。太湖流域从唐宋开始在晚稻田种冬麦，持续至今。

历史上逐步形成的上述耕作制度，是我国稻区复种指数增加、粮食持续增产，而土壤肥力始终不衰的原因。

原始稻作分化出旱稻和水稻以后，水稻最初是直播，南北都一样。至于育秧技术的发明和应用，则原因不同。北方的育秧移栽出于减轻草害的目的，南方的育秧移栽虽然同样有减轻草害的作用，却与复种制的发展有密切关系，特别是多熟制发展后，移栽是解决季节矛盾的有效措施。

水稻的灌溉用水最初是利用天然的河流，通过开挖大小沟渠、坡塘蓄水、用堤防止外水侵入等措施，开辟成可种稻的稻田，已经是相当完善的农田水利工程。比较典型的有都江堰，已经使用了两千多年，是四川粮仓的基本保证。

水稻生产的重点在南方，秦汉时期南方土地未充分开发，所以水利兴修多以北方为主，到唐宋以后，全国经济重心移至长江流域，人口增加，稻田开辟，水利条件的保证也随之快速发展。此外，古人在田高水低的地方用翻车、筒轮、戽斗、桔槔等灌溉工具在一定程度上减少了地势带来的问题。

■ 表现西汉时期的屯田兴农的壁画

三季稻 稻谷有一季、两季，甚至三季。单季稻是一年只种一季水稻的一种稻作制度。双季稻是在同一块稻田里，一年中种植和收获两季水稻的一种稻作制度。三季稻就是在同一块稻田里一年中种植和收获三季水稻。

关于稻田的灌溉技术，早在西汉《氾胜之书》中即有精辟的叙述：稻苗在春季天气尚冷时，水温保持暖一些，让田水留在田间，多晒阳光，所以进水口和出水口要在同一水平线上。夏天为了防止水温上升太快，让进水口与出水口交错，使田水流动，有利于降温。

关于水田施肥的论述首见于南宋农学家陈旉的《陈旉农书》。其中认为地力可以常新壮、用粪如用药以及要根据土壤条件施肥等论点，至今仍有指导意义。

在水稻施用基肥和追肥的关系上，历代农书都重基肥，因为追肥最难掌握。但长时期的实践经验使古代农民逐渐创造了看苗色追肥的技术，这在明末《沈氏农书》中有详细记述。

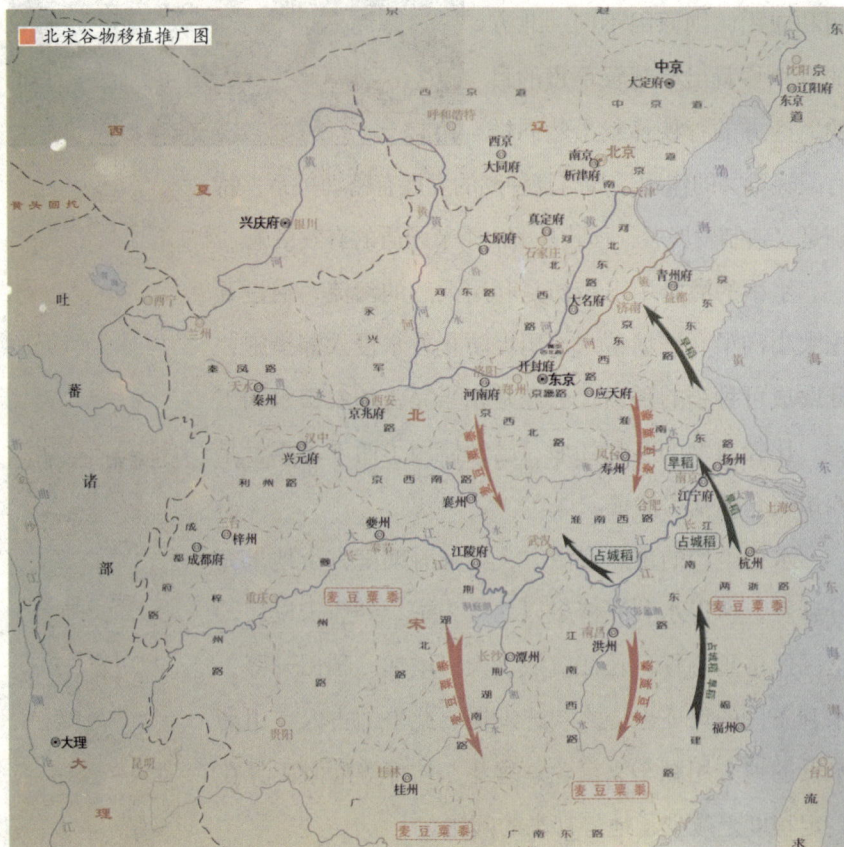

北宋谷物移植推广图

古代农民清除杂草

古代人民对水稻病害有一定认识，从实践中也摸索出各种有效的防治措施。一般从栽培措施、药剂防治和生物防治3方面着手。

在栽培措施方面，一是实行轮作，这是最简单有效的减少病虫的办法。早在《齐民要术》种水稻篇中即指出：种稻没有什么诀窍，只要年年轮换田块就好了。

二是烤田防虫，烤田就是在水稻分蘖末期，为控制无效分蘖期并改善稻田土壤通气和温度条件，排干田面水层进行晒田的过程。这样土壤水分减少，促使植物根茎向土壤深处生长，有利于植物生长发育。

从防虫角度讲，烤田使水分供应减少，地上部的生长受到抑制，改变了稻株光合作用产物运转的方向，即向茎和叶鞘内集中，增加半纤维素的含量，不利于害虫的繁殖。

三是选用抗性品种。比如种植多芒的品种防止鸟兽为害。明末江苏《太仓州方志》中载有一个绿芒品种，名"哽杀蝤蛴"，虽无文字说明，从取名上可知是一个适于涂田种植不怕虫鸟啮食的抗避品种。

药剂防治一是烟茎治螟。烟草在明代传入我国南方，之后很快传

菜油 就是菜籽油，又叫油菜籽油、香菜油，是用油菜籽榨出来的一种食用油。菜籽油色泽金黄或棕黄，有一定的刺激气味，民间叫做"青气味"。这种气味是其中含有一定量的芥子苷所致，但特优品种的油菜籽则不含这种物质。

遍各地。农民在种植烟草中，发现烟茎及叶有杀虫的作用，因而试用于稻螟，效果很好，于是不胫而走，推广得很快。

二是菜油治虫。用菜油治虫始见于宋代。公元1180年8月，苏州闹虫灾，虫聚于禾穗上，当地农民以菜油洒之，一夕大雨，尽除之。到清末民初，农民遂用石油代菜油治虫，直至现代农药出现为止。

三是石灰治虫。以石灰作为治虫的药物也始见于宋代。南宋陈旉《农书》中提到在播种前"搬石灰于渥泥之中，以去虫螟之害"，这是石灰治虫的最早记载。

生物防治在我国有久远历史。水稻害虫的天敌，古人加以利用的有数种。

一是青蛙。稻田养蛙以消除虫害，是被古人运用了很久的办法。

二是养鸭治虫。利用放鸭到稻田治虫始见于明代广东、福建两省。据说以鸭捕蝗与人力捕蝗比较"一

■ 汉代农民耕种图

鸭较胜一夫""四十只鸭，可治四万之蝗"。

三是保护益鸟。历史上蝗灾频繁，古人早已观察到有一些鸟类扑食蝗虫的现象，于是对益鸟进行保护。历朝历代不乏政府提倡保护益鸟的例子。

古代人民收获的谷物

古人对于水稻的收获、脱粒也总结出一整套科学的办法。明代文献中说，割下的稻株，其茎秆中有相当营养的物质，还能继续往稻谷中输送，可以提高果实的饱满度。

历来打谷所用的工具因农家财力、规模大小而异。小规模的脱粒都用稻簟，这是用竹篾编制的长方形竹席。另一种普遍使用的打谷工具是连枷，古代单称枷。最早记载见诸《国语·齐语》："权节其用，耒耜枷芟。"

以上所述为水田育秧栽培的一季稻，是最普遍的稻作。此外，还有旱稻、再生稻、间作稻、连作稻、混播稻、浮水稻等特殊栽培方式。古人在这方面也有丰富的经验，体现了先民的智慧。

阅读链接

陶渊明做彭泽县令时，官俸不高。他一不会搜刮，二不懂贪污，生活过得并不富裕。好在当时官府还拨给官员三顷"公田"以充作俸禄，陶渊明就想把300亩职田全都种上酿酒的秫子，好让自己每一天都有酒喝。可妻子竭力反对，不得已只得使每顷田中的50亩种稻，50亩种秫子。

其实，陶渊明有他自己的想法。他认为教会儿子们种田比为他们积蓄多少粮食都管用。他愿所有的人都能友好相处，共同分享生活的乐趣，只有与大家喝酒才有意义。

小麦种植面积的推广

小麦是现今世界上最重要的粮食作物，在我国，其重要性也仅次于水稻。小麦起源于西亚，大约距今5000年左右进入我国。

经过漫长的旅程，小麦逐渐适应了我国的土壤环境，成为外来作物生长最成功的一个，在我国农耕文明进程中扮演了重要的角色。

小麦自出现在我国后，经历了一个由西向东，由北而南的推广过程，直至唐宋以后才基本上完成了在我国的定位。小麦的推广改变了我国粮食作物的种植结构，也改变了国人的食物习惯。

■ 五谷图中所绘的小麦

■ 周穆王西游石雕

　　小麦在我国古代的推广始于西北，它经历了一个自西向东、由北向南的历程。有关考古遗址中有24处属于新疆，其中新石器时期至先秦时期的12处中，新疆就有6处，说明新疆在我国麦作发展初期的中心地位。

　　新疆近邻中亚，小麦最先就是由西亚通过中亚，进入到我国西部的新疆地区，时间当在距今5000年左右。后又进入甘肃、青海等地，甘肃省民乐县东灰山遗址中出土了距今约4000多年的包括小麦在内的5种作物种子。

　　古文献中也有关于西部少数民族种麦、食麦的记载。如成书于战国时代的《穆天子传》中记述周穆王西游时，新疆、青海一带部落馈赠的食品中就有麦。

　　《史记·大宛列传》等记载，中亚的大宛、安息

周穆王　姬姓，名满，昭王之子，周王朝第五位帝王。在位期间，巩固周在东南的统治。他是我国古代历史上最富于传奇色彩的帝王之一，世称"穆天子"，关于他的传说，层出不穷，最著名的则是《穆天子传》。

范蠡（公元536年—公元448年），字少伯，春秋时期楚国宛地三户邑（今河南淅川）人。春秋末著名的政治家、谋士和实业家，后人尊称"商圣"。他辅佐越王勾践灭吴，功成名就之后急流勇退，经商致富，三散家财。世人赞誉之："忠以为国；智以保身；商以致富，成名天下。"

■ 小麦种子

等地很早就有麦的种植。《汉书·赵充国传》和《后汉书·西羌传》也都谈到羌族种麦的事实。

商周时期，小麦已入中土。春秋时期，麦已是中原地区司空见惯的作物，一个人如果不能辨识菽麦，在当时就是没有智慧的标志。此时，麦已然成为当时各个诸侯争霸战中最重要的物资，产麦区也成为战略要地。

据《左传》的记载，当时的小麦产地主要有现在河南温县西南的温，现在河南东部和安徽北部一带的陈，现在山东北部、东部和河北东南部的齐，现在山东南部的鲁，还有地跨黄河两岸的晋。但据遗址发现的碳化小麦，实际的产地要超出史书的记载。

当时的小麦种植主要集中于各地城市的近郊区。这种情况到汉代仍然没有改变，东汉经学家伏湛在给皇帝的疏谏中提到"种麦之家，多在城郭"。

■ 原始人耕种小麦泥塑

小麦虽然自西而来，但汉代以前主产区却在东方。《春秋》是春秋时期鲁国的一部史书，书中所反映的麦作情况，与其说是春秋时期的情况，不如更确切地说是当时鲁国的情况。

和鲁国相邻的是齐国，境内有济水。《淮南子》中说，济水宜于种麦，反映了当时齐鲁一带种麦的情况。事实上，春秋时期黄河下游的齐鲁地区是小麦的主产区，也就是范蠡所著《范子计然》中所谓"东方多麦"。

这种状况至少保留到了汉代，江苏东海县尹湾村西汉墓出土简牍上有关于宿麦种植面积的记载，反映了西汉晚期当地冬小麦的播种面积情况。

春秋时期，小麦自身经历了一个重大的转变。当初小麦由西北进入中原时，其最初的栽培季节和栽培方法可能和原有的粟、黍等作物是一样的，即春种而

伏湛 字惠公，琅琊东武（今山东诸城）人。东汉经学家。曾任河内督尉、平原太守、尚书、墨西侯等职。伏湛讲求文德，并以礼乐为政化之首，颠沛犹不可违。其为人甚为当时的人所推重。

秋收。

在长期的实践中人们发现，小麦的抗寒能力强于粟而耐旱却不如。如在幼苗期间，小麦在温度低至零下5摄氏度时尚可生存。在播种期间，如果雨水稀少，土中水分缺乏，小麦易受风害和寒害，故需要灌溉才能下种。

我国的北方地区，冬季气候寒冷，春节干旱多风。春播不利于小麦的发芽和生长，秋季是北方降水相对集中的季节，土壤的墒情较好。

为了适应这样的自然环境，同时也为解决粟等作物由于春种秋收所引起的夏季青黄不接，于是有了头年秋季播种，次年夏季收获的冬麦的出现。

冬麦在商代即已出现。据文献反映，春秋战国以前，人们以春麦栽培为主。到了春秋初期，冬麦在生产中才露了头角。冬麦的出现是麦作适应我国自然条件所发生的最大的改变，也是小麦在我国的推广进程中最具革命意义的一步。

冬麦出现的意义还不止于此。由于我国传统的粮食作物多是春种、秋收，每年夏季往往会出现青黄不接的情况，引发粮食危机，而冬麦正好在夏季收成，

■ 范蠡塑像

024
种植细说
古代栽培与古代园艺

区种法 是汉代我国耕作法的另一重要成就，产生于干旱的环境中，因而它也是一种抗旱丰产的耕作法。区种法有两种耕作法，一种是带状区种法，一种是方形区种法。它有着较高的耕作水平，取得了惊人的高额丰产，它标志着汉代精耕细作程度有了很大提高。

可以起到缓解粮食紧张的作用，因此，冬麦种植受到广泛的重视。

自战国开始，小麦的主产区开始由黄河下游向中游扩展，汉代又进一步向西、向南大面积扩展。至晋代，小麦的收成直接影响国计民生。

小麦的推广伴随着种植技术的进步。冬小麦的出现，可以避免北方春季的干旱对幼苗的影响，但对于总体上趋于干旱的北方来说，秋季的土壤墒情虽然好于春季，但旱情还是存在的，更为严重的是，入冬以后的低温也可能对出苗不久的幼苗产生危害。

为了防止秋播时的少雨和随后的冬季暴寒，以及春季的干旱，古人除了兴修水利强化灌溉和沿用北方旱作所采用的"区种法"等抗旱技术以外，还采取了一些特殊的栽培措施。如以物覆盖麦田，掩其风雪，令麦耐寒耐旱而又籽粒饱满。

这在西汉末年成书的《氾胜之书》中都有总结。在此基础上，北魏贾思勰在《齐民要术》一书中又对包括小麦在内的北方旱地农业技术进行了全面的总结，标志着我国传统旱地耕作技术体系的形成，为小麦种植的发展奠定了坚实的技术基础。

■ 古代农民耕种土地蜡像

两税法 是唐德宗时宰相杨炎所创之税法。因武周末年均田制颜萎，唐初的租庸调法早已不适用，因此，改征收谷物、布匹等实物为主的租庸调法，为征收金钱为主，一年两次征税，是为两税法。两税法把中唐极端紊乱的税制统一起来，在一定程度上减轻了人民负担。

唐代以前，北方地区的小麦和粟相比，仍然处在次要的地位。在《齐民要术》中，大麦、小麦被排在了谷、黍、穄、粱、秫、大豆、小豆、大麻等之后，位置仅先于不太适宜北土种植的水稻。

唐初实行的赋税政策中规定，国家税收的主要征收对象是粟，小麦则属于杂粮之列。到了唐中后期，小麦的地位才上升到与粟同等重要的地位。

公元780年所实行的"两税法"，已明确将小麦作为征收对象。唐末五代农书《四时纂要》中所记载的大田作物种类与《齐民要术》中所记载的相当，但有关麦类农事活动出现的次数却是最多。

唐以后，北方麦作技术还在发展。至明末，燕、秦、晋、豫、齐、鲁诸道，农作物中小麦的种植面积已经占到一半。至此，小麦在我国北方的地位基本确立。

小麦在南方的推广较之北方要晚许多，并且是在北方的影响下才发展起来。汉代以前江南无麦作，三国时吴国孙权曾经尝食蜀国使者费祎带来的食饼，这是目前所知江南有面食最早的记载。

江南麦作的开始时间在

■ 古代农业耕种蜡像

吴末西晋时期，这和我国历史上第一次北方人口的南迁高潮是同步的。"永嘉之乱"后，大批北人南下，将麦作带到了江南。

■ 收割后的麦子进行脱粒处理

例如，在无数的南迁者中，有一名叫郭文的隐士，就曾隐居在吴兴余杭大辟山中穷谷无人之地，区种菽麦，采竹叶木实，进行盐的贸易以自供。

六朝时期麦作发展速度相对较快，种植面积较大的地区有建康周围和京口、晋陵之间以及会稽、永嘉一带，也与北方人口的聚集有关。东晋初年，晋元帝诏令徐、扬二州种植小麦、大麦、元麦这三麦。这是江南麦作之最早记载。

尽管麦食不受南方人的欢迎，但麦子已成为一部分南方人的粮食。南朝时的沈崇傃、张昭等人以久食麦屑或日食一升麦屑粥的方式向已故的亲人行孝。

南朝的梁军在与北朝的齐军交战时，在稻米食尽

元麦 即青稞。大麦的一种。主要产在西藏、青海等地，江苏中部也广为种植。可做糌粑，也可酿酒。苏中地区以此物的种子磨面煮成具有特色的"糊子粥"。亦指这种植物的籽实。元麦具坚果香味，碳水化合物含量较高，蛋白质、钙、磷含量中等。

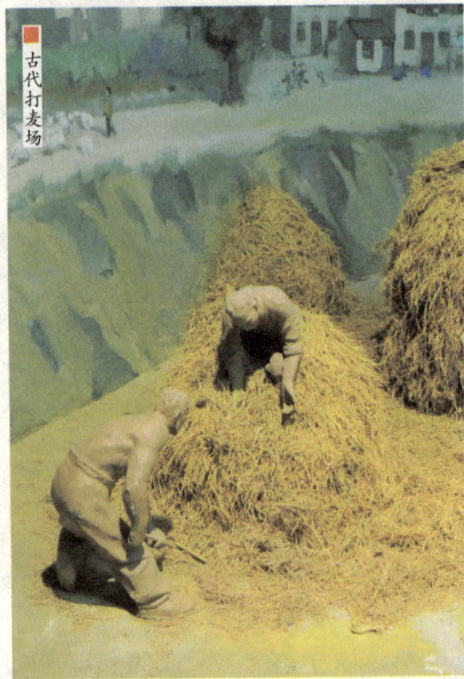
古代打麦场

之后，皆以麦屑为饭，用荷叶包裹，分而食之。这样的例子在史书中所在多有。

唐宋时期，随着国家的统一，人口流动频繁，特别是唐"安史之乱"和宋"靖康之乱"以后，第二次和第三次北方人口南迁的高潮相继出现，将麦作推向了全国。

唐代诗文中有不少南方种麦的记载，经前人的整理，南方种麦的区域主要有：岳州、苏州、越州、润州、江州、台州、宣州、荆州、池州、饶州、容州、楚州、鄂州、湘州、夔州、峡州、云南等地。

入宋以后，南方麦作发展得更为迅速。唐时被认为不宜于麦作的岭南地区在北宋时也已有了麦的种植。宋室南迁后，小麦在南方的种植更是达到了高潮。

当时麦类作物中不仅有小麦和大麦，而且还有不同的品种。长江中游的湖南，岭南的连州、桂林等地当时都有麦类种植。

南方原本以稻作为主，随着麦作的发展，出现了稻麦复种的二熟制。另据史书记载，二熟麦收割后还有用麦田种晚稻的现象。淮南地区也出现了麦地种稻，稻田种麦的记载。

随着麦作的发展，麦类在以水稻为主粮的南方地区的粮食供应中也开始起到举足轻重的作用，其重要性仅次于水稻。

而二熟麦已成稻农之家数月之食，二麦的丰收也因此称作"小丰年"。面粉成为人们日常生活的必需品，曾经和牛、米、薪一道成为民间日用品，在交易中可以免税。

技术的进步也在麦作向我国南方的推广中扮演着重要的角色。南方种麦所遇到的困难和北方不同，其主要的障碍是南方地势低湿。因此，南方的小麦最先可能是在一些坡地上种植，因为这些地方排水较好。

此外，当稻麦复种出现之后，人们先是采用"耕治晒暴"的方法排干早稻田中的水分，再种上小麦，实现稻麦复种。到了元代以后，又出现了开沟整地技术，以后一直沿用，并逐渐深化，对于小麦在南方的推广起到至关重要。

小麦在我国的推广经历了一个漫长曲折的过程，它的影响却深远而伟大。这种影响不仅表现在时间上的延续以及空间上的扩展，更反映在对我国原有作物种植及在粮食供应中的影响。

小麦在我国的推广，使得我国本土原有的一些粮食作物在粮食供应中的地位下降，甚至退出了粮食作物的范畴。这从我国主要粮食作物及其演变中便可以看出。

我国是农作物的起源中心之一。农业发明之初，当时种植的作物可能很多，故有"百谷"之称。然而，最初的"百谷"之中，可能并不包括麦。而当"百谷"为"九谷""八谷""六谷""五谷""四谷"所代替时，其中必有麦。

麦垛子

起初，麦在粮食供应中的地位并不靠前，当它的地位节节攀升的时候，与之一道并称为"九谷""八谷""六谷""五谷"的一些谷物，却纷纷退出粮食作物的行列。

比如，麻在我国的栽培已有近5000年的历史，比小麦还早，其茎部的韧皮是古代重要的纺织原料，它的籽实，古代称为苴，一度是重要的粮食之一，也因此称为"谷"。

然而，这样一种重要的粮食作物在后来却慢慢地退出了主食的行列，到五谷或四谷时已不见其踪影，特别是到了宋代以后，人们只知有做蔬菜食用的茭白，而麻成了被遗忘的谷物。

还有一些作物虽然还是粮食作物，并且是主要的粮食作物，但在粮食供应中的地位却下降了。粟、黍在很长的时间里都是我国北方首屈一指的粮食作物，然而入唐以后，粟、黍的地位开始发生动摇。

这在农书中得到反映，《齐民要术》所载的各种粮食作物的位置中，谷列于首位，而大麦、小麦和水、旱稻却摆得稍后。《四时纂要》中则看不到这种差别，有关小麦的农事活动出现的次数反而最多。

由此可见，麦已取代了粟的地位，成为仅次于稻的第二大粮食作物。这种地位确立之后，就是玉米、甘薯、马铃薯等传入我国也没有

在打麦场劳作的农民

古人收麦浮雕

被撼动。

　　小麦是外来作物中推广和种植最成功的一种，受到了最广泛的重视。这是它成功的原因，也是它成功的标志。我国历史上种植的作物不少，而像麦一样受到重视的不多。

　　从宋代到清代，政府对于稳定南方小麦种植是非常看重的。上行下效，一些地方官也致力于小麦推广，发布文告，劝民种麦。经过长期共同努力，小麦在我国各地的推广取得了成功。小麦的推广不仅改变了我国人民的粮食结构，也影响了我国人民的饮食习惯。

阅读链接

　　如果把宋代看作小麦经济和水稻经济的分水岭，我们会发现，水稻接掌我国农业后，我国统一王朝的更迭周期比过去延长了。

　　从秦始皇建立中央集权的统一王朝开始算起，到北宋建立之前，我国一共经历了10个朝代更迭，历时1180余年。而从北宋到清代灭亡，一共5个王朝，历时950余年。

　　北宋以前朝代更迭频繁，与黄河流域的小麦农业不无关系；北宋以后以长江流域的水稻生产作为帝国生存的基础，显然大大改善了帝国的健康状态。

玉米的传入和推广

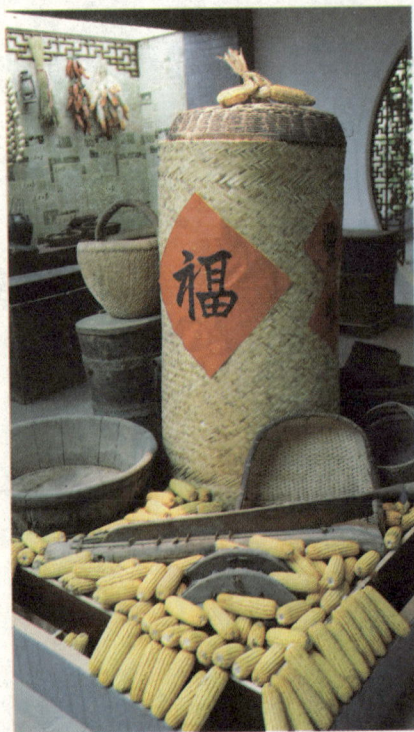

■ 玉米粮仓

玉米原产于南美洲，7000年前美洲的印第安人就已经开始种植玉米。此后，玉米成为世界上分布最广泛的粮食作物之一，种植面积仅次于小麦和水稻，位居第三。

大约在16世纪中期，我国开始引进玉米，到了明朝末年，玉米的种植地已达十余省，如河北张家口的"玉米之乡"，还有吉林、浙江、福建、云南、广东、广西、贵州、四川、陕西、甘肃、山东、河南、安徽等地。

玉米原来叫玉蜀黍，原产于美洲。1492年，当意大利探险家哥伦布踏上美洲的一个岛屿时，就"发现了一种名叫麦兹的奇异谷物。它甘美可口，焙干可以做粉"。

哥伦布的这篇日记，曾被认为是世界上关于玉米的最早文字记载；学术界也曾经认为自哥伦布发现新大陆后，玉米才在世界上传播开来。

事实上，我国引种玉米的时间，早于哥伦布发现新大陆的时间。明代名士兰茂所著的《滇南本草》中，就有关于玉米的记载："玉麦须，味甜，性微温，入阳明胃经，通肠下气，治妇人乳结红肿或小儿吹着，或睡卧压着，乳汁不通。"

■ 老玉米模型

兰茂生于1397年，卒于1476年。即使不计算此前我国对玉米的认识和使用的过程，这一记载也早于哥伦布的日记。因此，我国玉米的引进当在哥伦布发现新大陆之前。

据学者研究认为，玉米传入的路线有3条：一是从西班牙传到麦加，再经中亚引种到我国西北地区；二是从欧洲传到印度、缅甸，再传入我国西南云贵地区；三是从欧洲传到菲律宾，再由葡萄牙人或中国商人经海路传到我国福建、浙江、广东等沿海地区。

玉米传入我国后，就由华南、西南、西北地区

《滇南本草》
明代"布衣科学家"兰茂所著，是一部记述西南高原地区药物，包括民族药物在内的珍贵著作。书中记载了云南草木蔬菜中可作药者，以及许多少数民族医药与汉族医药相互结合的实例，是我国现存古代地方性本草书籍中较为完整的作品。

农家院内的玉米

向国内各地传播。因为是新引入的作物，每在一地推广，当地便给它取一个名字，因而玉米的异称甚多。除称"番麦""西天麦""玉蜀黍"外，还有"包谷""六谷""腰芦"等名称。

玉米在明代传入之初，尚未列入谷物而被人们视为珍稀之物。如明末学者田艺衡在他的《留青日札》中记载的玉米，书中说：

> 御麦出于西番，旧名番麦，以其曾经进御，故曰御麦。

《留青日札》还对玉米的形状进行了描述：

> 干叶类稷，花类稻穗，其苞如拳而长，其须如红绒，其粒如芡实，大而莹白，花开于顶，实结于节，真异谷也。

《留青日札》
明代文学家田艺蘅所著。书中杂记明朝社会风俗、艺林掌故等。书中零星记及政治经济、冠服饮食、豪富中官之贪渎、乡村农民之生活，以及刘六、刘七、白莲教马祖师之起事情形，颇有资料价值。田艺蘅以博雅闻，著述宏富，此书是其代表作。

田艺衡是钱塘人，当时钱塘一带也有种植玉米，他说"吾乡传得此种，多有种之者。"

我国各省府县志中保存着丰富的有关玉米的记载。玉米传入后，首先是从山区开始种植的，到明代末年的1643年为止，玉米已经传播到河北、山东、河南、陕西、甘肃、广西、云南等10省。还有浙江、福建两省，虽则明代方志中没有记载，但有其他文献证明其在明代已经栽培玉米。

玉米在我国的传播可以分为两个时期，由明代中期到明代后期是开始发展时期，明代后期这种农作物已传播到全国近半数省区。到了清代前期，全国各省县份多已种植。

清代玉米的集中产区是中部的陕鄂川湘桂山区、西南的黔滇山区、东南的皖浙赣部分山区，华北和东北的玉米集中区主要在清后期至民国年间形成。

清初50多年，至1700年为止，方志中记载玉米的

方志 记述地方情况的史志。有全国性的总志和地方性的州郡府县志两类。总志如《大清一统志》，以省为单位的方志称"通志"，如《山西通志》，元以后著名的乡镇、寺观、山川也多有志。方志分门别类，取材宏富，是研究历史及历史地理的重要资料。

古代栽培

■ 晾晒中的玉米

东北民居旁的玉米

精耕细作 指农业上认真细致地耕作。精耕细作从借用牛力耕田开始，生产工具和劳动技术不断提高。此外，水利工程的完善和灌溉工具的发明，使人们不断克服自然条件的限制，追求农业的高产。靠精细的劳作和高投入增加亩产量，是精耕细作发展的主要动力。

地区比明代多了辽宁、山西、江西、湖南、湖北、四川6省。1701年以后，记载玉米的方志更多，至1718年为止，又增加了台湾、贵州两省。单就有记载的来说，从1531年至1718年的不到200年的时期内，玉米在我国已经传遍20个省。

根据我国各省最早的文献记载，其年代的先后并不能代表玉米实际引种的先后，因为方志和其他文献记载，常有漏载和晚载的。

比如广西记载的玉米种植时间早于甘肃或云南30年左右，早于陕西60多年，早于四川一个半世纪以上，早于贵州差不多两个世纪。

江苏记载的玉米种植时间也早于甘肃和云南，浙江、福建、广东都早于陕西、四川、贵州20来年以至一个世纪以上。

玉米传入我国后成为我国重要的粮食作物。这种新作物的引种和推广，主要依靠广大农民群众的试种和扩大生产。勤劳而敏慧的农民大众，一旦看到玉米是一种适合旱田和山地种植的高产作物，就很快地吸收利用。

例如安徽1776年的《霍山县志》记载：

四十年前，人们只在菜圃里偶然种一二株，给儿童吃，现在已经延山蔓谷，西南二百里内都靠它做全年的粮食了。

又如河北1886年的《遵化县志》记载，清代嘉庆年间，有人从山西带了几粒玉米种子来到遵化，开始也只是种在菜园里，可到了光绪年间就成为全县普遍栽培的大田作物了，可见发展的迅速。

嘉庆　（公元1760年—公元1820年），清仁宗爱新觉罗·颙琰，原名永琰，清朝第七位皇帝。年号嘉庆，1795年至1820年在位。他在位前4年由太上皇乾隆帝发号施令，他并无实权，乾隆帝死后才独掌大权。他惩治贪官和珅，肃清了吏治。他在位期间是世界工业革命兴起的时期，也是清朝由盛转衰的时期。

■ 陕西农家院内的玉米

春玉米 指春季播种的玉米。我国北方农民又称之为早玉米。在我国种植地域较广，主要分布在东北、西北和华北北部地区，西南丘陵山区亦有分布。春玉米的播种期和收获期地域间相差很大。一般由南向北，从2月中旬开始至5月上旬，均有播种春玉米的地区。

我国本来有精耕细作的优良传统，农业技术已有相当高的水平，所以引种以后能够结合作物特性和当地条件，很快地掌握并提高栽培技术，并且培育出许多适合当地种植的品种，创造出多种多样的食用方法。

玉米刚引进栽培时，除山区外一般都用作副食品。由于玉米的适应性较强，易于栽培管理，且春玉米的成熟期早于其他春播作物，未全成熟前又可煮食，有利于解决粮食青黄不接的问题，因而很快成为山区农民的主粮。

18世纪中期以后，我国人口大量增加，入山垦种的人日益增多，玉米在山区的栽培随之有很大发展。

由于商品经济地发展，经济作物栽培面积不断扩大，加上全国人口大幅度上涨，北方地区又限于水源，粮食生产渐难满足需要，玉米栽培发展到平原地

■ 西北农家院内的玉米

区。后来的玉米栽培总面积更多，在粮食作物中产量仅次于稻、麦、粟，居于第四位，再后位次又有提前。

在栽培技术方面，清代的知识分子张宗法撰写的综合性农学巨著《三农纪》中说玉米"宜植山土"，并介绍了点播、除草、间苗等珍贵经验。

《洵阳县志》中说山区种玉米，仅靠雨水维持玉米的生长，反映了当时栽培玉米不施肥料和粗放的管理措施。

随着玉米栽培面积的继续扩大，栽种技术才逐渐向精耕细作的方向发展。

在清代《救荒简易书》中，已讲到区分不同的土质，并施用不同粪肥和不同作物，以及玉米种植的宜忌和茬口等。

在长期的生产实践中，各地农民还分别选育了不少适应各地区栽植的玉米品种。仅据陕西《紫阳县志》所记，该县常种的玉米就有"象牙白""野鸡啄"等品种。在东南各省丘陵、山区，玉米逐渐分化为春播、夏播和秋播3种类型。

此外，在田间管理、防治虫害等各方面，也逐步积累了越来越成熟的经验。到20世纪，随着现代农业科学技术的应用，玉米栽培又进入了新的发展阶段。

■ 《三农纪》是清代四川人张宗法撰写的一部综合性农学巨著。内容涉及植物栽培、动物畜养，还有月令、水利、土壤、环境与产物、救荒、屋舍修造、农事安排、生活习俗、修身养性等多个方面，是研究清代四川农业问题的重要文献。

玉米大丰收

　　总之，玉米的引进，解决了当时的一些社会问题，满足了日益增长的人口对粮食的需求，扩大了土地播种面积，促进了农村畜牧业的发展。同时，玉米栽培技术也在实践中逐步提高，为后来玉米在我国的增产增收打下了基础。

阅读链接

　　玉米是世界上分布最广的粮食作物之一，种植面积仅次于小麦和水稻，种植范围从北纬58度至南纬40度。世界上每一年的每一个月都有玉米成熟。

　　我国从明代引进玉米后，经过漫长的发展，目前种植地区主要集中在东北、华北和西南地区，大致形成一个从东北到西南的斜长形玉米栽培带。

　　其中黑龙江、吉林、辽宁、河北、山东、山西、河南、陕西、四川、云南等地是主要栽培区。东北是我国玉米的主要产区，其中吉林是我国玉米生产第一大省，年产量近2000万吨。

古代高粱种植技术

高粱也叫蜀黍，现在北方俗称秫秫，在古农书里也有写作"蜀秫"或"秫黍"的。其实这些不过是一个名词的不同写法。

高粱是我国重要的旱粮作物。古人在高粱种植栽培上，注重与豆类等间作套种；遵循"种之以时，择地得宜，用粪得理"原则，提倡早种早收，注重田间管理，倡导及时收获。

■ 五谷图中所绘的高粱

■ 贾思勰铜像

《齐民要术》是北魏时期农学家贾思勰所著的一部综合性农书，也是世界农学史上最早的专著之一，是我国现存的最完整的农书。此书系统地总结了6世纪以前黄河中下游地区农牧业的生产经验、食品的加工与贮藏、野生植物的利用等，对我国古代汉族农学的发展有重大影响。

高粱很早便开始在我国种植。在山西万荣县荆村新石器时期遗址、辽宁省辽阳三道壕子西村、河南大河村新石器遗址、陕西长武县碾子坡遗址先周文化层、甘肃民乐东灰山新石器时期遗址、辽宁省大连市大嘴子村落遗址等处，均发现了炭化的高粱。

根据辽宁、河北、陕西、江苏出土的炭化高粱子粒和茎秆推断，证明西周至西汉期间，高粱已在我国许多地方种植并有相当的产量。

北魏贾思勰在《齐民要术》中将高粱列入"五谷、果蓏、菜茹非中国物产者"中，这里的"中国"指我国北方地区，即北魏的疆域，主要指汉水、淮河以北，不包括江淮以南。

以后的有些农书更进一步认为，高粱始种于蜀地。因此，高粱原产中原地区的可能性不大，原产我国东北地区、西南少数民族地区的可能性较大。

在高粱被驯化栽培后，并没有如粟、麦等大宗作物那样得到大规模地栽培种植，只在局部地区如辽宁、河北、陕西、江苏、四川等地种植。

高粱在古代种植面积小、种植区域分散，使得高粱的命名带有明显的地域性，增加了名称的复杂性。而又因其形类稷、粱等，在古代高粱就被冠以纷繁复杂的名称。

高粱的古名多达20余种，对于古代高粱的名称，农史学界、考古学界长期以来见仁见智，众说纷纭，尚无定论。造成名称复杂多样的主要原因是古代高粱种植面积小、种植区域分散。

高粱名称多，也从另一个角度说明，它在古代的种植范围是比较广泛的。在高粱种植过程中，古代劳动人民积累了丰富的经验。

在高粱轮作茬口的搭配上，清代祁寯藻在《马首农言》中说，高粱多在去年豆田种之。清代农工商部编的《棉业图说》指出，在种棉之地先种高粱及蚕豆，次年再行种棉，棉花与高粱轮作，不仅能使棉花佳美丰收，又能以收获的高粱供农夫牲畜之需用。

《棉业图说》还对棉花与高粱轮作作了规划：凡种棉者，宜将田地划分甲乙两区，第一年以甲种棉，以乙种高粱、蚕豆。次年则以乙种棉，以甲种高粱、蚕豆。逐年轮流。可见高粱的最好前茬是豆类，而高粱是禾本植物，其须根仅吸地面之肥，因此是棉的理想前茬作物。

■ 青田石雕高粱

古代高粱在北方种的比较多，在南方为备荒也种植高粱，不过高粱一般不能在桑间种植。《农桑辑要》认为，桑间种植高粱，两者梢叶丛杂，就会导致二者都长不好。

高粱对土壤的适应能力较强，有较强的抗逆性，抗旱、抗涝、耐盐碱、耐瘠薄、耐高温和寒冷等，无论在松散的沙壤土上还是在黏重的土壤上均可栽培。不过栽种高粱的土壤不宜过湿。

清代张宗法的《三农纪》和清代王汲的《事物会原》等许多农书，都认为高粱不宜种在地势低洼的地方。清代何刚德的《抚郡农产考略》中说："宜肥地，坚地，平原，旷野俱可种。"

总之在土壤选择上，以种在肥沃疏松、排水良好的壤土或沙壤土最为适宜。并应根据不同种类高粱的特性，选用相宜的田土，遵循"择地得宜"的原则。

在耕种时间上，高粱的种植要因地制宜，不同高粱品种有不同的播种时令。清代郭云升所撰《救荒简易书》对此作了详细记载："黑子高粱二月种"，"白子高粱三月种"，"快高粱三月种"，"冻高粱十月种"。

此外，清代农书还记载了当时比较普遍的高粱播种方式，如"耧种""点种""穴种"等，强调在播种过程中稀疏得当，适当密植。这些记载，说明到了清代，我国

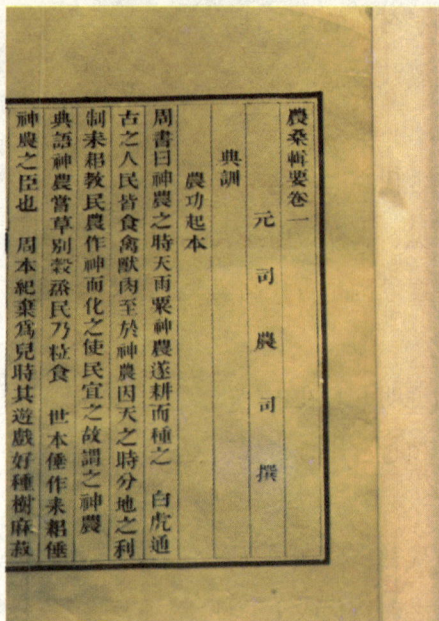

■ 《农桑辑要》元代官修农书，是我国现存最早的官修农书。在它之前唐代有武则天删订的《兆人本业》和宋代的《真宗授时要录》，但这两部均已失传。《农桑辑要》是我国农业生产的总结，通俗易懂，不仅在国内影响深远，而且在国外也有崇高地位。

种植细说

古代栽培与古代园艺

的高粱播种技术已经日臻成熟，对后世的高粱种植也有指导意义。

在高粱的施肥、田间管理与收获储存方面，古人也积累了丰富的经验。

高粱对肥料的反应非常敏锐，且吸肥力很强，因此施肥可以显著提高其产量。清代杨巩的《中外农学合编》中记载：

蜀黍消耗地力，略似玉蜀黍。不可连栽，肥料必须多施尤。

清代丁宜曾的《农圃便览》也说："以粪多为上，踏实，风不侵，则苗旺"，肥料不足则会"雉尾短，粒亦细小"。高粱注重基肥，因此在肥料的选用上宜用基肥。

为了使高粱在不同的生育期中皆能获得充足的养分，除施用大量的基肥外，在生育期中更须施用追肥。清代何刚德《抚郡农产考略》认为，宜耘四五次，用肥五六次，每亩地需肥20余石，但用量不宜

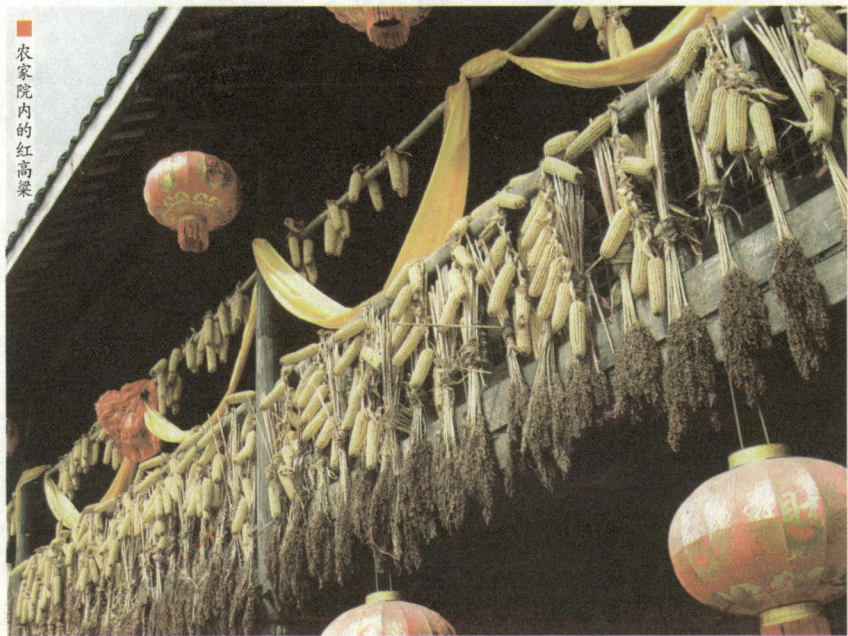

农家院内的红高粱

种植细说

古代栽培与古代园艺

■ 高粱通过人工敲
打进行脱粒

重，"肥料追肥，则只用稀薄粪尿"。此外，清代相关资料还详细说明了糖高粱种植的施肥种类、用量等。

对于高粱的田间锄草及间苗，古人认为应注意中耕除草，去弱留强。清张宗法的《三农纪》中论及高粱植艺时说："苗生三四寸锄一遍；五六寸锄一遍；七八寸再锄以壅根。留强者，去弱者。苗及尺余，再耘耨，且耐旱，不畏风雨。"总之，锄不厌多，多则去草且易熟。

因高粱幼苗顶土能力差，应多锄破除土壤板结层，并且注重去弱留强，把良苗留，中耕时还要摘除歧枝。

对于高粱的收获储存，古人也有经验。高粱生育期在一百天左右，一般以穗色判断其是否成熟。古人

对于高粱成熟的生物学特征描述，如《马首农言》中说"熟以色之红紫为验"。高粱成熟后应及时收获，久留不刈会引起大量落粒损失。

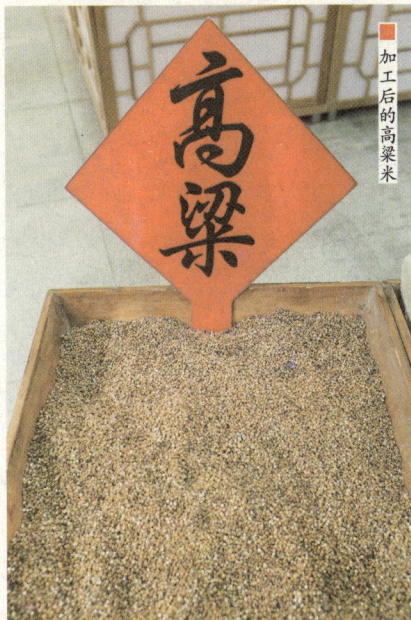

为便于高粱收获，清杨巩在《中外农学合编》中提出："成熟之前，宜四五茎一束，可免倒仆"。高粱收获时，因其茎高丈许，在古代收割时，成束攒起，一手揽住，一手持镰收割，这个方法至今也在用。收获后高粱穗子要离开地面悬空摆放，充分晾晒干燥，达到一定水分标准时脱粒。

收获的高粱在古代一般经人工敲打脱粒，脱粒后的籽粒也要充分晒干入库。高粱储存时切忌雨湿。

经过古代劳动人民和后来者的长期努力，东北和华北已经形成高粱主产区，高粱成为仅次于稻、小麦、玉米、甘薯的粮食作物。

阅读链接

高粱在世界范围内分布很广，形态变异多。高粱是我国最早栽培的禾谷类作物之一。有关高粱的出土文物及农书史籍证明，最少也有5000年历史了。

我国高粱的起源和进化问题，有两种说法：一说由非洲或印度传入，一说是我国原产。因为高粱在我国经过长期的栽培驯化，渐渐形成独特的中国高粱群。中国高粱叶脉为白色，颖壳包被小，易脱粒，米质好，分蘖少，气生根发达，茎成熟后髓部干涸，糖分少或不含糖分等。

古代对大豆的栽培

五谷图中所绘的菽麦

大豆虽不是禾本科，人们还是用它的籽粒当粮食，所以在谈古代农作物，尤其是粮食作物时，大豆还是很重要的。

我国是大豆原产地。在大豆栽培实践中，我国先民在从野生大豆开始培育优良品种，总结和发展大豆栽培技术等方面，都取得了巨大成就，并通过对外传播，对世界各国的大豆种植做出了贡献。

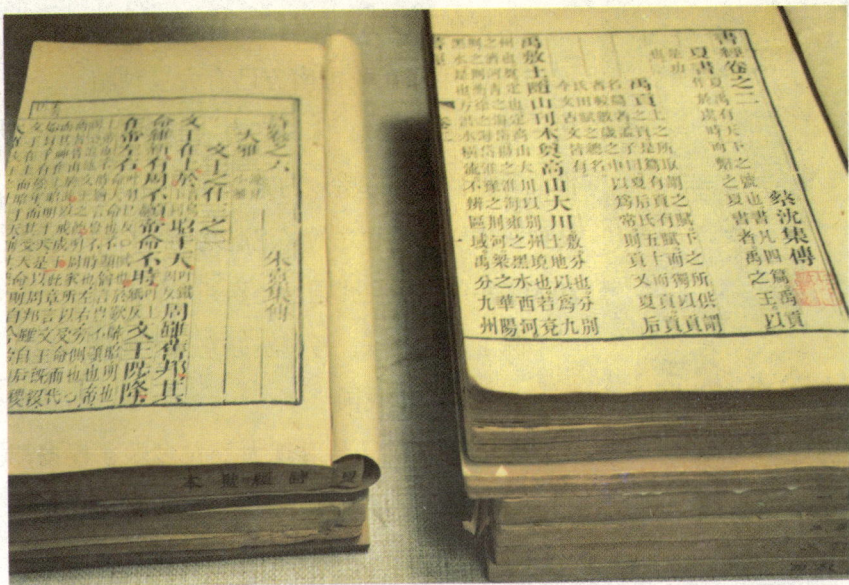

■ 《诗经》中记载的关于大豆的古诗

我国是世界公认的大豆起源中心。大豆产于我国，可以从我国大量的古代文献中得到证明。

商代已有大豆栽培的记载。商代主要的农作物，如黍、稷、粟、麦、秬、稻、菽即大豆等都见于甲骨文卜辞。从殷商时期的甲骨文中，专家已经辨别出农作物方面的黍、稷、豆、麦、稻、桑等，是当时人们依以为生的作物。

我国最早的诗歌集《诗经》中收有西周时代的诗歌300余首，其中多次提到"菽"。如《豳风·七月》有"黍稷重穋，禾麻菽麦"。由《诗经》来看，我国栽培大豆已有3000年左右的历史。

西汉史学家司马迁在《史记》的头一篇《五帝本纪》中说，轩辕帝为修德振兵，采取的重要措施之一就是"蓺五种"，这"五种"就是黍稷菽麦稻，菽就是大豆，由此可见，轩辕黄帝时已种植大豆。

甲骨文 又称契文、甲骨卜辞或龟甲兽骨文，主要指我国商朝晚期王室用于占卜记事而在龟甲或兽骨上刻出的文字。是我国已知最早的成体系的文字形式，它上承原始刻绘符号，下启青铜铭文，是汉字发展的关键形态。现代汉字即由甲骨文演变而来。

西汉《大豆万石》陶仓

根据在长沙出土的汉墓文物中有大豆一事，说明2000年前在我国南方已有大豆种植。《宋史·食货志》记载，宋时江南一带曾遇饥荒，从淮北等地调运北方盛产的大豆种子到江南种植。从西汉农学家氾胜之的《氾胜之书》可以看出，2000多年前大豆在我国已经到处栽培。

除了古代文献，考古发掘方面的发现，也证实了大豆原产于我国。

于山西省侯马县发现大豆粒多颗，根据测定，距今已有2300年，系战国时代遗物，黄色豆粒，百粒重约18克至20克。这是迄今为止世界上发现最早的大豆出土文物它直接证明当时已有大豆种植。

于洛阳烧沟汉墓中出土的2000年前的陶制粮仓上，有用朱砂写的"大豆万石"字样，同时出土的陶壶上则有"国豆一钟"字样，都反映了我国种植大豆的悠久历史。

此外，在长沙出土的西汉初年马王堆墓葬中，也发现有水稻、小

西汉《大豆万石》陶仓

酿醋工艺图

麦、大麦、粟、黍、大豆、赤豆、大麻子等。

根据古代文献、考古文物等证明，栽培大豆起源于我国数千年前。最早栽培大豆的地区在黄河中游，如河南、山西、陕西等地或长江中下游地区。

从商周到秦汉时期，大豆主要在黄河流域一带种植，是人们的重要食粮之一。当时的许多重要古书如《诗经》《荀子》《管子》《墨子》《庄子》里，都是菽粟并提。

《战国策》说："民之所食，大抵豆饭藿羹。"就是说，用豆粒做豆饭，用豆叶做菜羹是清贫人家的主要膳食。

先秦时期还用大豆制成盐豉，通都大邑已有经营豆豉在千石以上的商人，表明消费已较普遍。另外也有将大豆用作饲料的。

到了汉武帝时，中原地区连年灾荒，大量农民移至东北，大豆随之被引入东北。东北土地肥沃，加上劳动人民世世代代的精心选择和种植，大豆就在东北安家落户。据《氾胜之书》记载，当时我国大豆的种植面积已占全部农作物的十分之四。

■ 传统工艺的豆腐制作

西汉以后，大豆的利用领域更趋广泛，汉初已用大豆合面作酱。湖南长沙马王堆西汉墓出土的竹简上有"黄卷一石"字样，"黄卷"即今黄豆芽的古称。

秦汉时期众多医学家总结编纂的《神农本草经》中，也提到大豆黄卷，可能指早期作为药用的豆芽干制品，以后鲜豆芽即作为蔬菜。北魏贾思勰在《齐民要术》中引述古籍《食经》中的"作大豆千岁苦酒法"，苦酒即醋，说明很早就用大豆作制醋原料。

这些记载都说明，汉代以后，我国北方的大豆逐渐成为蛋白质来源的副食品之一。

利用大豆榨油，大概在隋、唐以后。宋代著名文学家苏轼《物类相感志》称"豆油煎豆腐，有味"以及"豆油可和桐油作艌船灰"，是有关豆油的最早记载。豆油之外的豆饼则被用作饲料和肥料。

明代《群芳谱》《天工开物》和清初《补农书》中有用大豆喂猪和肥田的记载，但一般仅限于"豆贱之时"。

明末清初叶梦珠在《阅世编》指出：

豆之为用也，油、腐而外，喂马溉田，耗用之数几与米等。

■ 古代豆腐坊人物
蜡像

可见当时大豆已成为最重要的作物之一。

关于豆腐的发明，相传是始于汉代淮南王刘安。河南密县打虎亭东汉墓出土的线刻砖上，有制作豆腐全过程的描绘。

栽培大豆是从野生大豆经过人工栽培驯化和选择，逐渐积累有益变异演变而成的。

从野生大豆到栽培大豆有不同的类型。从大豆粒形、粒大小、炸荚性、植株缠绕性或直立性等方面的变化趋势，可以明显地看出大豆的进化趋势。

一般野生大豆百粒仅重2克左右，易炸荚，缠绕性极强。半野生大豆百粒重4克至5克，炸荚轻，缠绕性也较差。

从半野生大豆到栽培大豆间还存在不同进化程度的类型。用栽培大豆与野生大豆进行杂交，其后代出

刘安（公元前179年—公元前122年），西汉皇族，淮南王。汉高祖刘邦之孙，淮南厉王刘长之子。西汉的思想家、文学家。他组织编著了《淮南子》一书，此书诡谲渊博、包罗万象，是对汉初数十年社会政治思想和科技实践的科学总结。据传他用卤水做实验时，意外做成了豆腐，使餐桌上多了一道美味佳肴。

古代妇女用石磨磨取豆浆

现不同进化程度的类型，介于野生大豆和栽培大豆之间。这也可以间接地证明栽培大豆是从野生大豆演变而来的。

野生大豆是大豆的祖先。我国古代先民对野生大豆经过培育后，开始广泛种植，遍布全国南北各地。

西周、春秋时，大豆已成为仅次于黍稷的重要粮食作物。战国时，大豆与粟同为主粮，但栽培地区主要在黄河流域，长江以南大豆被称为"下物"，栽种不多。

两汉至宋代以前，大豆种植除黄河流域外，又扩展到东北地区和南方。当时西自四川，东迄长江三角洲，北起东北和河北、内蒙古，南至岭南等地，已经都有大豆的栽培。

宋代初年为了在南方备荒，曾在江南等地推广粟、麦、黍、豆等，南方的大豆栽培因之更为发展。与此同时，东北地区的大豆生产也继续增长，记述金代史事的纪传体史籍《大金国志》中，有女真人"以豆为浆"的记述。

清初关内移民大批迁入东北，进一步促进了辽河流域的大豆生产。康熙年间开海禁，东北豆、麦每年输上海千余万石，可见清初东北地区已成为大豆的主要生产基地。

我国古代劳动人民早就对大豆根瘤有清楚的认识，因此，古人很早就使得大豆与其他作物进行轮作、间作、混种和套种。

在《战国策》和《僮约》中，已反映出战国时的韩国和汉初的四川很可能出现了大豆和冬麦的轮作。后汉时黄河流域已有麦收后换种大豆或粟的习惯。

从《齐民要术》的记载中，可看到至迟在6世纪时的黄河中下游地区已有大豆和粟、麦、黍稷等较普遍的豆粮轮作制，南宋农学家陈旉在他的《农书》中，还总结了南方稻后种豆，有"熟土壤而肥沃之"的作用。其后，大豆与其他作物的轮作更为普遍。

北魏贾思勰在《齐民要术》中，介绍了大豆和麻子混种，以及和谷子混播作青菱饲料的情况。宋元间的《农桑要旨》中说桑间如种大豆等作物，可使"明年增叶分"。

明末科学家徐光启的《农政全书》中，也说杉苗的"空地之中仍要种豆，使之二物争长"。

清代举人刘祖宪的《橡茧图说》也说，橡树"空处之地，即兼种豆"，介绍的是林、豆间作的经验。清代《农桑经》中说：大豆和麻

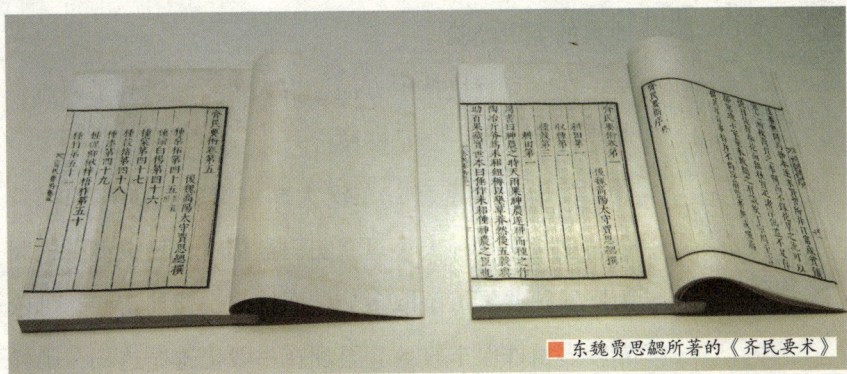

东魏贾思勰所著的《齐民要术》

储存黄豆的粮仓

间作，有防治豆虫和使麻增产的作用。

　　古代对豆地的耕作和一般整地相仿，但因黄河流域春旱多风，多行早秋耕，以利保墒、消灭杂草和减轻虫害。同时对大豆虽能增进土壤肥力但仍需适当施肥、种豆时用草灰覆盖可以增产等也早已有所认识。

　　总之，大豆和其他作物的轮作或间、混、套种，以豆促粮，是中国古代用地和养地结合，保持和提高地力的宝贵经验。

　　在大豆栽培技术方面，古人主要注意到了两点，一是种植密度，二是整枝。

　　关于种植密度，东汉大尚书崔寔作的《四民月令》中指出"种大小豆，美田欲稀，薄田欲稠"，因为肥地稀些，可争取多分枝而增产，瘦地密些，可依靠较多植株保丰收。直至现在一般仍遵循这一"肥稀

崔寔（约公元103年—约公元170年），字子真，又名台，字元始，涿郡安平（今河北安平）人。东汉后期政论家。曾任郎、五原太守等职，并参与撰述本朝史书《东观汉记》。著有《四民月令》，已佚，不过大部分内容保存在《玉烛宝典》一书中。

瘦密"的原则。

整枝是摘除植株部分枝叶、侧芽、顶芽、花、果等，以保证植株健壮生长发育的措施，有时也用压蔓来代替。

在文献上对此记载较迟，清代张宗法撰写的《三农纪》中提到若秋季多雨，枝叶过于茂盛，容易徒长倒伏，就要"掐其繁叶"，以保持通风透光，间接反映了四川种植的是无限结荚型的大豆。

大豆在长期的栽培中，适应南北气候条件的差异，形成了无限结荚和有限结荚两种生态类型。北方的生长季短，夏季日照长，宜栽培无限结荚的大豆；南方的生长季长，夏季日照较北方短，宜栽培有限结荚的大豆。

我国的大豆曾经传到世界上的许多国家。我国很早以前就同朝鲜人民在经济文化上频繁交往。战国时期，燕齐两地人民和朝鲜即有交往，大豆由此传入朝鲜。

秦汉的大一统，各地间交流的加快，以及人口的快速增长造成对五谷需求的加大，这都为大豆在中国境内的扩散提供了空前的便利。

■ 徐光启塑像

大豆种子

同时，改良的大豆品种也开始传播到与中国临近的地区，如朝鲜半岛和日本岛等。

我国大豆大约于公元前200年自华北引至朝鲜，后由朝鲜引至日本。日本南部的大豆，可能在3世纪直接由商船自华东一带引入。在以后相当长的一段时期内，栽培大豆的分布格局没有变化。

直至17世纪末，随着国际间贸易和交往的繁荣，大豆开始被南亚以及亚洲以外的人认识并种植，扩散到欧洲、南美和北美等地区，并最终形成了后来的分布格局。

大豆现已成为除水稻、小麦和玉米3种粮食作物之外产量最多的农作物，也是世界上经济意义最大的一种豆科作物。

阅读链接

豆类泛指所有产生豆荚的豆科植物，同时，也常用来称呼豆科的蝶形花亚科中作为食用和饲料用的豆类作物。在成百上千种有用的豆科植物中，至今广为栽培的豆类作物近20种。

大豆在豆类作物中蛋白质含量居首位，为重要的蛋白质和油料作物。用大豆制成的豆腐、豆芽和酱油是我国极普遍的副食品。

豆油除供食用外，可制油漆、肥皂、甘油、润滑油，还可制人造羊毛，又为医药原料。大豆榨油后的麸饼均为优质的饲料和肥料。

甘薯的引种和推广

甘薯的食用部分是肥大的块根，这一点和谷类截然不同。甘薯是我国主要粮食之一。

甘薯在明代的文献中被称为"白蓣""红蓣""紫蓣""红薯""金薯""蕃柿""白薯""番薯""红山药"等。

原产于南美洲的墨西哥和哥伦比亚一带，1492年哥伦布航海至美洲后逐渐传播到欧洲和东南亚。

明万历年间，甘薯传入我国的广东、福建等地，而后向长江、黄河流域及台湾省等地传播，并很快在全国大量种植。

■ 番薯

安南一词，最初作为地区名出现于我国载籍，是唐代初叶的事。历史上的越南长期臣服于我国，所以"安南""越南"这两个国名均与我国官方有关。"安南"之名，最早见于唐代679年所置的安南都护府，治所在今河内。

甘薯传入我国，其传入和推广的途径错综复杂。有一个说法是要归功于广东东莞人陈益。

据《陈氏族谱》记载，陈益于1580年随友人去安南，当地酋长以礼相待，每次宴请，都有味道鲜美的甘薯。但按安南当地法例，严禁薯种出境。陈益就以钱物买通了酋长手下的人，在他们的帮助下得到薯种，于1582年带回国。

陈益先将甘薯种在花坞里进行繁殖，继而在祖茔地后购地35亩，进行扩种。因薯种来自番邦，故名为"番薯"。

自此之后，番薯种植遍布天南，成为人们的主要杂粮。陈益临终时曾经遗书后人，嘱咐每逢祭奠，祭品中必要有番薯，陈氏后人代代遵循。

关于甘薯的传入还有一个说法。明万历初年，福建长乐人陈振龙到吕宋，即菲律宾经商，看到甘薯，

■ 主要农作物的种子

正在耕种的农民塑像

想把它传入祖国以代粮食。但当时的吕宋不准薯种出国，陈振龙就用重价买得几尺薯藤，于1593年5月带回祖国。

陈振龙的儿子陈经纶向福建巡抚金学曾推荐甘薯的许多好处，并在自家屋后隙地中试栽成功。于是金学曾叫各县如法栽种推广。第二年遇到荒年，栽培甘薯的地方以甘薯为食，减轻了灾荒的威胁。

至此以后，陈经纶的孙子陈以桂便把它传入浙江鄞县，陈以桂的儿子陈世元又将薯种传入山东胶州，陈世元的长子陈云、次子陈燮传种到河南朱仙镇和黄河以北的一些区县，三子陈树则传种到北京的齐化门外、通州一带，其中陈世元还著有《金薯传习录》。

为了纪念金学曾、陈振龙、陈经纶、陈世元等人的功绩，人们在福州建立"先薯祠"，以示怀念。

也有人说甘薯是先从吕宋传入泉州或漳州，然后向

陈振龙（约1543年—1619年），福建长乐人。20岁中秀才，后乡试不第，遂弃儒从商，到吕宋岛经商。他见当地种有朱薯，耐旱易活，生熟都可食，便不顾西班牙政府不许朱薯出口的禁令，将薯藤绞入吸水绳中，渡海带回福州培植。

北推广到莆田、福清、长乐的，说法不一。当时福建人侨居吕宋的很多，传入当不止一次，也不止一路。

广东也是迅速发展甘薯栽培的省份，在明代末年已和福建并称。传入途径也不止一路，其中有自福建漳州传来的，也有从交趾传来的。

据载，当时交趾严禁薯种传出，守关的将官私自放医生林怀兰过关传出薯种，而自己投水自杀。后人建立番薯林公庙来纪念林怀兰和那个放他的关将。

江浙的引种开始于明代末年。著名农学专家徐光启曾作《甘薯疏》大力鼓吹甘薯栽培，并多次从福建引种到松江、上海。到清代初年，江浙已有大量生产。

其他各省，明代栽培甘薯没有记载，清代乾隆以前的方志，有台湾、四川、云南、广西、江西、湖北、河南、湖南、陕西、贵州、山东、河北、安徽诸

■ 农民播种番薯的泥塑

省有甘薯的记载。

这些记载未必能代表实际的先后次序，因为常有漏载、晚载。根据有记载的来说，福建、广东、江苏、浙江四省在明代已有栽培，其他关内各省、除山西、甘肃两省外，都在清初的100余年间，也就是1768年以前，先后引种甘薯。

大体说来，台湾、广西、江西可能引种稍早；安徽、湖南紧接在江西、广西之后；云南、四川、贵州、湖北也不晚，山东、河南、河北、陕西或者稍晚，但相差不会太久。

甘薯传入后发展很快，明代末年福建成为最著名的甘薯产区，在泉州甘薯每斤不值一文钱，无论贫富都能吃到。在清初的百余年间，甘薯先后在不少地区发展成为主要粮食作物之一，有"甘薯半年粮"的说法。

甘薯是单位面积产量特别高的粮食作物，亩产几千斤很普通。而且它的适应性很强，耐旱、耐瘠、耐风雨，病虫害也较少，收成比较

■ 番薯是我国古人的主要粮食

有把握，适宜于山地、坡地和新垦地栽培，不和稻麦争地。这一些优点，强烈地吸引着人们去发展它的栽培。

这种发展不是轻易得来的。不少传说中曾谈到某些国家不准薯种出国，我们先人则想方设法引入国内。这些传说虽然不一定可靠，但是古代交通不便，从外国引种确实有一定困难的。若不是热爱祖国，关心生产和善于接受新事物，是不会千方百计地把薯种传入国内的。传入后并不自私，有的还尽力鼓吹推广。

由于很多人的辛勤劳动，甘薯在我国种植的范围很广泛，南起海南省，北到黑龙江，西至四川西部山区和云贵高原，均有分布。

根据甘薯种植区的气候条件、栽培制度、地形和土壤等条件，一般将全国的甘薯栽培划分为5个栽培区域：北方春薯区、黄淮流域春夏薯区、长江流域夏薯区、南方夏秋薯区和南方秋冬薯区。

全国各薯区的种植制度不尽相同：北方春薯区一年一熟，常与玉米、大豆、马铃薯等轮作。黄淮流域春夏薯区的春薯在冬闲地春栽，夏薯在麦类、豌豆、油菜等冬季作物收获后插栽，以二年三熟为主。

长江流域夏薯区的甘薯种植大多分布在丘陵山地，夏薯在麦类、豆类收获后栽插，以一年二熟最为普遍。南方夏秋薯区和南方秋冬薯区，甘薯与水稻的轮作制中，早稻、秋薯一年二熟占一定比重。

北回归线以南地区，四季皆可种甘薯，秋、冬薯比重大。旱地以大豆、花生与秋薯轮作；水田以冬薯、早稻、晚稻或冬薯、晚秧田、晚稻两种复种方式较为普遍。

通过甘薯在国内各地区之间的传播、驯化的过程，人们摸索出一套适宜于所在地区的栽培技术，并先后在各地培育出许多品种。与此同时，聪明的古人还发明了甘薯的无性繁殖技术，解决了甘薯藏种越

晾晒甘薯干

■ 经过晾晒的甘薯丝

冬的问题。

　　甘薯越冬技术是古人经过长期实践总结出来的。由于甘薯块根包含很多水分，容易腐烂，各地就创造出各种保藏的方法。如晒干成甘薯片、甘薯丝或粒子，晒干磨粉或去渣制成净粉，以及井窖贮藏鲜薯等。

　　人们还发现甘薯有许多的用途，既可用来酿酒、熬糖，又可以做成粉丝等各种食品。所有这些，突出地表现出我国古代劳动人民的勤劳和无穷智慧。

阅读链接

　　乾隆皇帝晚年曾患有老年性便秘，太医们千方百计地为他治疗，但总是疗效欠佳。

　　一天，他散步路过御膳房，一股甜香迎面扑来。原来是一个太监正在烤红薯。乾隆从太监手里接过烤红薯，就大口大口地吃了起来。吃完后连声道："好吃！好吃！"此后，乾隆皇帝天天都要吃烤红薯。

　　不久，他久治不愈的便秘也不药而愈了，精神也好多了。乾隆皇帝对此十分高兴，便顺口夸赞说："好个红薯！功胜人参！"从此，红薯又得了个"土人参"的美称。

棉花的传入与推广

棉花是最重要的经济作物之一，棉花的原产地在印度河流域，从那里开始传播到世界各地。我国棉花栽培历史悠久，约始于公元前800年，我国是世界上种植棉花较早的国家之一。

棉花传入我国之后，在不同的时代发展状况也是不同的，从开始进入我国到各区域的种植有一个历史的过程。棉花的种植在我国的农业史和经济史上都有着重要的影响。

■ 博物馆内的棉花标本

采摘后的棉花

丝绵 分为广义丝绵和狭义丝绵。狭义的丝绵仅指天然蚕丝绵；广义的丝绵指丝绵状织物，如喷胶棉、中空棉、混合丝绵、仿丝绵、七孔棉等类泛称。我国传统意义上的丝绵，是一种像棉花絮的衣、被用材料，是用茧表面的乱丝加工而成的。

棉花原产于印度的印度河河谷。我国是世界上种植棉花较早的国家之一，据战国时成书的《尚书》记载，我国战国时期就有植棉和纺棉的记录。

《尚书·禹贡》中有"岛夷卉服，厥篚织贝"之载，古今不少学者认为"卉服"就是指棉布所制之衣，故作为沿海地区向不出产棉花的中原的贡品。

棉花传入我国，大约有3条不同的途径。一是印度的亚洲棉，经东南亚传入我国海南岛和两广地区。二是由印度经缅甸传入云南。这两条路径的时间大约在秦汉时期。三是非洲棉经西亚传入新疆、河西走廊一带，时间大约在南北朝时期。

棉花通过以上3条道路传入我国之后，长期停留在边疆地区，未能广泛传入中原。公元851年，著名的阿拉伯旅行家苏莱曼在其《苏莱曼东游记》中，记述了在今天北京地区所见到的棉花还是在花园之中作为"花"来观赏的。唐宋的文学作品中，"白叠布""木棉裘"都还是珍贵之物。北宋末年棉布主要还是在岭南地区生产的。

棉花传入我国后，它的名字曾经有很多变化。宋元以前的文献记载中，都是"古贝""吉贝""古终""白叠子"等字眼。

我国本来没有"棉"字，但有"绵"字，而"绵"是指丝绵，传统意义上仅指天然蚕丝绵。我国的丝织业在古代是很发达的，由绵变为棉，可能在唐宋之间。

南宋中期以前，文字中已有"木"字旁的"棉"字了。而在北宋初，则应仍作"木棉"。明代著名药物学家李时珍《本草纲目》对于木棉的释名，也是"古贝"，书中记载：

> 木棉有两种，似木者名古贝，似草者名古终，或作吉贝者，乃古贝之讹也。

■《本草纲目》中对木棉的释名

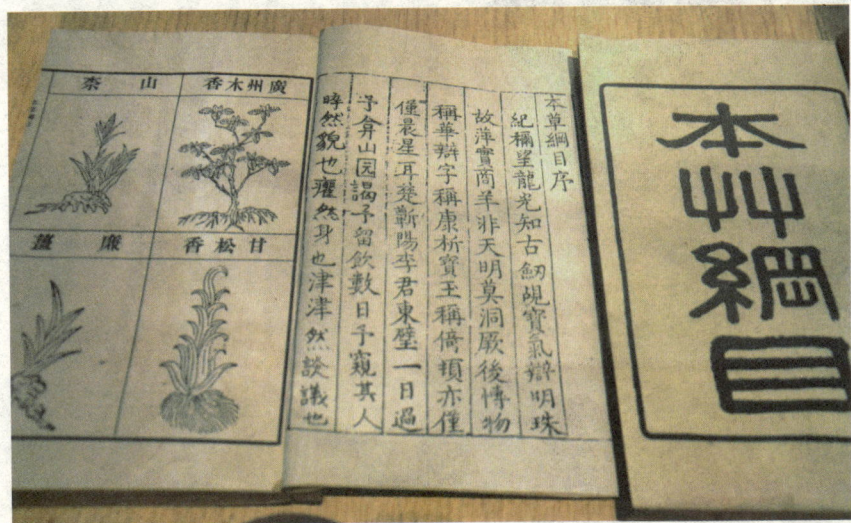

夏税 田赋名称。从唐代开始，历代田赋都分夏、秋两季征收，称为夏税和秋税。唐代曾实行"两税法"，规定"夏税无过六月，秋税无过十一月"。唐代以后的各个朝代，两税的征收时间和内容都有不同。

■ 元代《农书》的作者王桢塑像

可能是跟宋代的一些书籍记载有关。事实上，棉花现在的名字是从宋末开始使用的，宋以前用的是它的古名字，到元朝是一个过渡，像元代的书中有的是"绵"，有的是"棉"，到了明朝的时候一般都用"棉"字，清代普及使用。

我国种棉初期及其地域，在入宋以后，闽南各地种棉的比较多。种棉业的普及发展时期是从元开始的。元初提倡农业，诏修《农桑辑要》，当时参与修纂之事者，如苗好谦、畅师文、孟祺等，都主张推广种棉，他们大谈种棉的好处。

元代初年，元世祖忽必烈诏置浙东、江东、江西、湖广、福建木棉提举司，可以看出当时对棉花种植的重视，自此棉之种植渐广。

元政府大规模向人民征收棉布实物，每年多达10万匹，后来又把棉布作为夏税之首，可见棉布已成为主要的纺织衣料。

元代王桢的《农书》注重推广种植棉花，详细记录了种棉的具体方法，也使得棉花在我国的种植进一步扩大，棉织品也进一步发展。

根据王桢的《农书》记述：

一年生棉其种本南海诸国所产，后福建诸县皆

有，近江东、陕右亦多种，滋茂繁盛，与本土无异。

正在纺织的黄道婆

这说明一年生棉是从南海诸国引进，逐渐在沿海各地种植，进而传播到长江三角洲和陕西等地的。

元初的黄道婆改革家乡的纺织工具和方法，生产较精美的棉布，推动了上海一带手工棉纺织业的发展，也对长江三角洲的植棉业起了促进作用。这一时期棉花的栽培技术和田间管理也日趋进步。

到明代时大部分人知道了种棉的方法，这为棉花进一步普及奠定了基础。明太祖朱元璋立国之初，即令民"田五亩至十亩者，栽桑麻棉各半亩；十亩以上倍之；又税粮亦准以棉布折米"。可以看出当时政府对棉花种植的重视。

黄道婆（约公元1245年—公元1330年），又名黄婆、黄母。松江府乌泥泾镇人。宋末元初知名的棉纺织家。在崖州随黎族人学习纺织。回到家乡后，教当地妇女棉纺织技术，并且制成一套扞、弹、纺、织工具，用错纱、配色、综线、挈花等织造工艺，织制出有名的乌泥泾被。

邱浚（1418年—1495年），字仲深，号深庵、玉峰，别号海山老人，琼州琼台（今属海南）人。明代著名政治家、理学家、史学家、经济学家和文学家，著名才子之一。与明代清官海瑞合称为"海南双璧"。邱浚学问渊博，研究领域涉及政治、经济、文学、医学等，著述甚丰。

从明代科学家宋应星的《天工开物》中所记载的"棉布寸土皆有"，"织机十室必有"，可知当时植棉和棉纺织已遍布全国。

明代经济学家邱浚在《大学衍义补》中说，棉花"至我朝，其种乃遍布于天下，地无南北皆宜之，人无贫富皆赖之。"

据明代农学家徐光启的《农政全书》记载"精拣核，早下种，深根短干，稀科肥壅"4句话，通称为"十四字诀"，总结了明末及以前的植棉技术。

当时，长江三角洲已进行了稻、棉轮作，这样就可以消灭杂草、提高土壤肥力和减轻病虫害；很多棉田收获后播种黄花苜蓿等绿肥，或三麦、蚕豆等夏收作物，创造了棉、麦套作等农作制，使植棉技术达到了新的高度。

明代晚期，种棉业不但普及全国，而且人们根据一些标准可以判断棉种的优劣，知道选种的技巧。由于棉花的种植，使江南经济走在全国的前面。棉花为明代的农业生产开创了新局面。

清代的棉花种植范围进一步扩大，所种的面积也有所增大，价

■ 明代科学家宋应星（1587年—约1666年），字长庚。江西奉新人。明末清初科学家。有《野议》《谈天》等著作。此外，《天工开物》是其代表作，它是世界上第一部关于农业和手工业生产的综合性科学技术著作，也有人称它是一部百科全书式的著作。外国学者称它为"中国17世纪的工艺百科全书"。

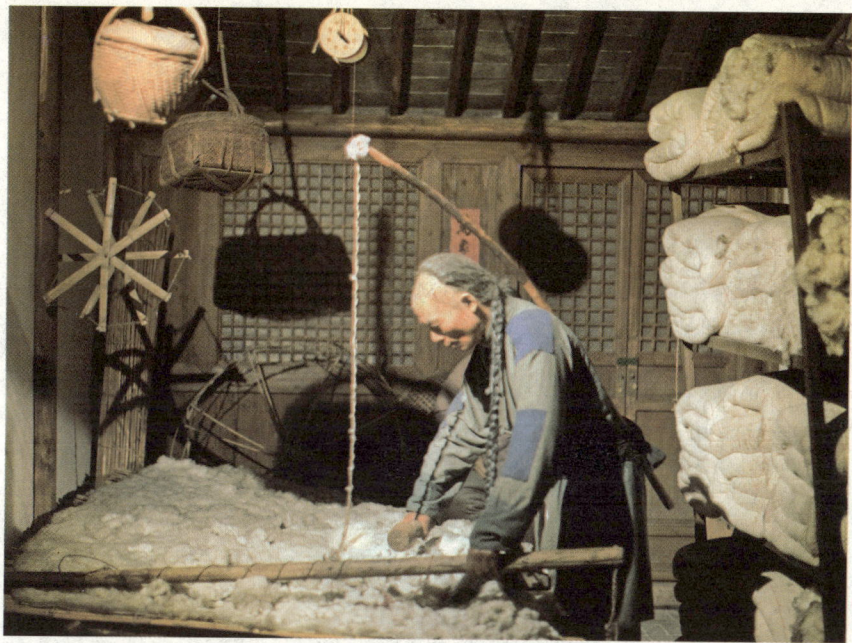

格也是很高的。经济作物的种植受市场供需关系及价
格上下的影响，棉花的价格高，种植就较多。当时凡
是适合种棉花的地方，都有棉花的种植，并且品种不
一样。

清朝传统工艺弹棉花

清代大规模引种陆地棉的是湖广总督张之洞，他
于1892年及1893年两次从美国购买陆地棉种子，在湖
北省东南15个县试种。

明清时期植棉业主要分布在三大区域：一是长城
以南、淮河以北的北方区，包括北直隶、山东、河
南、山西、陕西五省。明代山东、河南两省产棉量最
高，冠于全国。而清代则北直隶有很大发展，山西、
陕西次之。

二是秦岭、淮河以南、长江中下游地区。包括南
直隶、浙江、湖广、江西数省，其中以南直隶松江

府产棉最富，湖广、浙江稍次，江西又次之。长江三角洲南岸的松、苏、常三府和北岸的泰州、海门、如皋都是重要产棉区。

三是华南、西南地区，包括两广、闽、川、滇，这里是最早的植棉区，但在明清时产量不高。

我国棉纺业的发展和历史上各个时期棉花种植面积的扩大与产量的提高，有着直接的关系。换言之，棉花的传入和推广，催生了我国棉纺业的产生和发展，在我国棉纺史上具有重要意义。

阅读链接

明代科学家徐光启，从小就有着强烈的好奇心。有一次，徐光启看见自家棉田挂满了棉花，心里乐开了花。但他发现隔壁阿伯家的棉花比自己家的结得多、结得大，就偷偷地去看阿伯种棉花，却看到一个老人掐掉自己棉田里的棉桃。

他想弄明白这个问题，就去请教阿伯，"刨根问底"学了个清楚，还说服父亲也采用这种科学的种棉方法，最后取得了丰收。

徐光启长大后，就是凭着这种探索的精神，写出了被誉为古代农业百科全书的《农政全书》。

唐代以后的茶树栽培

我国古代的茶树栽培，是茶叶生产史上第一次也是最有决定意义的一次飞跃。

我国茶树栽培技术，实际是从陆羽的《茶经》及其后的《四时纂要》始有记载的，尤其是《茶经》中的记载，是一个历史性的高起点，以至于以后相关文献中对于茶树栽培技术的记载，一般都是抄引《茶经》和《四时纂要》的内容。

因此，唐及其后茶树栽培的各项具体技术，体现了我国古代在这一领域的最高成就。

■ 博物馆内的茶砖

从我国古籍记载的情况来看，我国古代对茶树生物学特性的认识，主要也就是讲茶树对外界环境条件的要求。而这方面的记载，最早也是从唐代"茶圣"陆羽的《茶经》开始的。

陆羽在他的作品《茶经》的开篇就指出："茶者，南方之嘉木也"；"其地，上者生烂石，中者生砾壤，下者生黄土"；"野者上，园者次……阴山坡谷者，不堪采掇。"

这几句话的意思是说：茶，是我国南方的优良树木；种茶的土壤，以岩石充分风化的土壤为最好，有碎石子的砾壤次之，黄色黏土最差；叶绿反卷的为好，叶面平展的次之……生长在背阴的山坡或山谷的茶树品质不好，不值得采摘，因为它的性质凝滞，喝了会使人腹胀。

■ 陆羽品茶雕像

这些话，明确指出了茶的品质与外界环境条件有较大关系。

据《茶经》和唐末韩鄂的《四时纂要》载：种茶开坑以后，要"熟"保，两年以后"耘治"，要用小便、稀粪和蚕沙浇壅；茶宜种在一定坡度的山坡，平地"须于两畔开沟垄泄水"等。

通过上面这段记载，我们不难看出，关于茶树对外界环境

条件的要求，至少在唐代时就认识到这样几点：茶树是一种喜温湿的作物，寒冷干旱的北方不宜种植；茶树不喜阳光直射，具有耐阴的特性；茶树宜种于土质疏松、肥沃的地方，黏重的黄土不利于茶树生长；茶树根系对土壤的通透性有一定的要求，耘治能促进茶树生长；茶地要求排水良好，地下水位不能过高，更不能积水。

宋代关于茶树对外界环境条件要求的记载，既多又具体。如北宋文学家苏轼说"细雨足时茶户喜"；北宋宋子安的《东溪试茶录》载："茶宜高山之阴，而喜日阳之早"；南宋孝宗时人赵汝砺在《北苑别录》中讲，每年六月要锄草一次。

这些记载，除苏轼说明了茶树，特别是在芽叶生长旺季的茶树，要求空气的湿度要大以外，其他都只是对唐代提到的认识作些补充而已。宋以后的记载，多数是抄袭唐宋时的资料，当然在某些方面也有所发展。

茶树原是野生树，经先民驯化、栽培以后成为栽培种。在茶树栽培和形成一定的茶树栽培品种以后，人们对栽种的茶树个体，渐渐就出现和产生按照社会需要来选优汰劣的活动和技术。

《陆羽烹茶图》

有性繁殖 又称种
子繁殖法，是利
用雌雄受粉相交
而结成种子来繁
殖后代的方法，
也是人类的正常
繁殖方法。由亲
本产生的有性生
殖细胞，经过两
性生殖细胞的结
合，成为受精
卵，再由受精卵
发育成为新的个
体的生殖方式，
叫有性繁殖。

陆羽在《茶经》中，不但第一次提到了茶有灌木和乔木等品种之分，而且指出生长在"阴山坡谷"的茶树，由于其生境有逆茶树的植物学特性，品种不好，"不堪采掇"。但是，对茶树品种及其性状的系统介绍，还是在宋代宋子安的《东溪试茶录》中才明确提出。

《东溪试茶录》中介绍了7种茶名，包括白叶茶、柑叶茶、早茶、细叶茶、稽茶、晚茶、丛茶，并对这7种茶的形态特征、生长特性、产地分布、栽培要点和制茶品质进行了具体描写。这是我国和世界上第一份也是整个古代有关茶树品种最为详细的调查报告。

不过，东溪沿岸栽种、生长的这些茶树品种，不是人们有意识选择的结果，一般只是对野生变异的一种发现和利用。

要讲茶树的繁殖，当从茶树的栽培讲起。我国古代最早种茶的情况已不清楚，从陆羽《茶经》"法如种瓜"的记载来看，唐代采取丛直播，当时种瓜是穴播，就是在地上挖坑把种子埋进去。

另外虽然唐代一般不用移植法，但也不能说茶树是不能移栽的。大概明代中期以前，我国种茶全部采取直播法。

茶树繁殖采用的直播法和床播育苗移栽法，都属于有性繁殖。在古代技术条件下，有性繁殖容易自然杂交和产生变异，很难保持纯良种性。

出于繁殖优良茶树品种的需要，历史上我国茶树品种资源最多的福建，在清代首先发明了茶树的压条技术来繁殖名贵茶树品种。

繁殖优良茶树，是我国古代长期探求的目标，所以，一旦哪个领域出现了一种能够有效地繁殖优良树种的方法，茶树栽培就会及时加以吸收。

从文献记载来看，我国花卉方面压条繁殖的记述，最早见于《花镜》"压条"的记载。据此推算，我国花卉的压条技术，当产生于明代后期；而福建茶树繁殖采用的压条技术，大概是明末清初从种花技术中吸收过来的。

除压条之外，清代茶树良种繁育，还出现了茶树的嫁接、扦插等无性繁殖和培育的方法。如福建"佛手种"，传说即由安溪金榜乡骑虎岩一僧人，以茶

压条 又称压枝。是将植物的枝、蔓压埋于湿润的基质中，待其生根后与母株割离，形成新植株的方法。压条是对植物进行人工无性繁殖的一种方法，对桑、葡萄等已实际应用，木瓜等的压条也比较容易。

■ 宋代的砖茶

古代茶叶的种类

雀舌贡尖　禄宇雨前　笑窗香片　宁州红袍　寿宇雨前　武夷花茶　最优狮峰　虎跑龙井

合吐英保　三始微型

枝嫁接于香橼树而产生，其叶形似香橼，且香味强烈。

再如插枝，也是清代始比较广泛应用的无性繁殖技术。茶树扦插的最早记载，见于康熙后期李来章的《劝谕瑶人栽种茶树》的告示。他根据福建和其他地区汉人繁殖良种茶树的经验，在瑶区进行推广。

插枝是最原始的成年粗茎扦插，常见于旧时农村用来繁殖杨树和柳树等许多树种。用这种材料来繁殖茶树，成活率是极低的。后来在实践中，人们逐渐发现用当年生的枝条扦插更易成活，于是废弃粗枝改用当年枝条扦插，即"长穗扦插"。

福建不但是茶树压条、嫁接，也是扦插技术的创始地和最早发展地区。稍有茶学知识的人都清楚，福建是我国茶树品种资源最为丰富，也是我国古代最早采用无性繁殖来培育茶树良种的地区之一。

据报道，在20世纪初，仅安溪一县，无性繁殖系的茶树品种，就多达三四十种。除铁观音外，还有乌龙、梅占、毛蟹、奇兰、佛手、桃仁、本山、赤叶、厚叶、毛猴、墨香、腾云等。

据估计，福建邻省浙江的温州、台州、龙泉和江西的上饶一带民间选育的黄叶早、乌牛早、清明早、藤茶、水古茶和大面白等民间无性繁殖系茶树品种，就是向福建学习或由福建传入无性系繁殖法之后出现的成果。

由此可见，我国古代茶树的栽培和繁殖，大部分时间和大多数地区，都是采用种子繁殖；无性繁殖兴起在清代主要是清末，而且大多又集中在福建一地。

我国古代人民在留种和种子贮藏方面，不但注意得较早而且技术的发展和成熟也更快。

从《四时纂要》可以清楚地看出，我们的祖先，早在唐代以前，就懂得和掌握了用沙土保存茶种的方法。《四时纂要》的沙藏法，一直沿用下来，到明代罗廪的《茶解》中，才又有发展。

《茶解》在沙藏之前，增加了一道水选和晒种的工序。沙藏保种，在古代条件下，无疑是一种有效的良好方法，对保持种子的水分需要，促进种子后熟和保证较高的发芽率等，都是有较好作用的。

我国古代的茶树管理，是和农业生产精耕细作的水平相一致的。据《四时纂要》记载，我们现在茶园管理的诸如防除杂草、土壤耕作、间作套种和施肥等几方面

罗廪　字高君，明朝书法家、学者。明万历时浙江慈溪（今宁波市）人。罗廪对明代制茶叶的技艺有特殊贡献，著有茶学的重要著作《茶解》，另有《胜情集》一卷、《青原集》一卷、《浮槎集》一卷、《补陀游草》一卷等。

稼穑之源

古代栽培

■ 博物馆内的茶树切片

武夷山大红袍古茶树旁石刻

种植细说

古代栽培与古代园艺

的内容，至少在唐代便已俱全。

当然，《四时纂要》记载的内容不免有些原始、简单，但随着农业生产精耕细作水平的提高，我国茶园的管理水平，也相应地在不断发展和完善。

唐代茶园只是在茶树幼龄期间才间种其他作物，可是宋代《北苑别录》提到桐茶也可以间作。明代茶园管理的记载更多，水平也更高，提到了茶园管理的耕作和施肥，提出了更精细的要求，而且提出茶园不仅可以间植桐树，还可种植桂、梅、玉兰、松、竹和兰草、菊花等清芳之品，可见明代在茶园管理的各个方面，都较唐宋有了较大的进步。

从文献记载看，我国古代茶园管理，到明代即达到了相当精细的程度。所以，到清代只是在除草、施肥的某些方法和间作内容上有所充实。如《时务通考》关于锄地以后，"用干草密遮其地，使不生草莱"；《抚郡农产考略》提到锄草之后，要结合"沃肥一次"；《襄阳县志》中还提到了襄阳茶园还间作山芋和豆类等。

古籍中茶树修剪的记载出现较晚，直至清代初年才见于《巨庐游录》和《物理小识》。《巨庐游录》载："茶树皆不过一尺，五六年后梗老无芽，则须伐去，俟其再蘖。"《物理小识》说："树老则烧之，其根自发。"后一种方法，比较原始，或许台刈就是从这种方法中脱胎产生的。台刈就是把树头全部割去，以彻底改造树冠。

根据上述记载，说明我国茶树的台刈技术，可能萌发于明代后期。至清代后期，又采用两种新的茶树修剪的方法：

一是"先以腰镰刈去老本，令根与土平，旁穿一小阱，厚粪其根，仍复其土而锄之，则叶易茂。"

二是"茶树生长有五六年，每树既高尺余，清明后则必用镰刈其半枝，须用草遮其余枝，每日用水淋之，四十日后，方去其草，此时全树必俱发嫩叶。"

从文献记载来看，茶树修剪似乎是从台刈开始的，先有重修剪，在重修剪的基础上，然后才派生出其他形式的修剪。

我国古代采茶，六朝以前的情况史籍中没有留下多少记载。直至陆羽《茶经》始载："凡采茶，在二月、三月、四月之间"，说明在唐代可能还只采春茶、夏茶，不采秋茶。唐代采冬茶不是定制。

采摘秋茶，大概是从宋代开始的。北宋文学家和政治家苏辙在《论蜀茶五害状》中说："园户例收晚

台刈 割去树头以改造树冠的方法。由于台刈后新抽生的枝梢都是从根茎部萌发而成的，其生理年龄小，所以抽出的枝条具有旺盛的生命力，可以形成整齐的树冠和健壮的树势，在加强肥培管理条件下，能使茶树迅速恢复生产，并达到增产提质的目的。

■ 武夷山上的古老茶园

古代的制茶用具

茶，谓之秋老黄茶。"但宋代采摘秋茶的现象还不普遍，到明代中期以后，我国已普遍开始采摘秋茶了。

宋代除了采取唐时晴天早晨带露水采摘等方法外，据《东溪试茶录》《大观茶论》等茶书记载，还提出了采茶要用指尖或指甲速断，不以指柔；另外要把采下的茶叶随即放入新汲的清水中，以防降低品质。

宋以后茶叶采摘的资料，记不胜记，因各地环境条件和制法不同，说法也不一致。总的来说，采茶贵在时间，太早味不全，迟了散神。一般以谷雨前5天最好，后5天次之，再5天更次。

阅读链接

宋代苏东坡不仅是一位大文学家，也是谙熟茶事的高手。他一生与茶结下了不解之缘，并为人们留下了不少隽永的咏茶诗联、趣闻轶事。比如流传至今的"东坡壶"，就是关于苏东坡的一段有趣的故事。

俗话说"水为茶之母，壶是茶之父"。苏东坡酷爱紫砂壶，他在谪居宜兴时，吟诗挥毫，伴随他的常常是一把提梁式紫砂茶壶，他曾写下"松风竹炉，提壶相呼"的名句。

因他爱壶如子，抚摸不已，后来此种壶被人们称为"东坡壶"，一直沿袭至今。

古代农具

　　我国是个农业大国，也是世界最早发展农业的国家之一。远古开天辟地，先民们主要依靠狩猎和采集来维持生活，以"刀耕火种"开始自己栽培作物，从此开启了原始农业时代。

　　在生产劳动过程中，先民们创造和改进了多种多样的农具，后经历代的创新与改进，使农具种类丰富多彩。

　　几千年来，古代劳动人民用自己的勤劳和智慧，创造发明了许许多多生产生活所必需的农具和器械，极大地提高了劳动效率和生活质量，同时也推动了社会的文明进步。

夏商周时期的农具

公元前2070年，我国由原始社会进入奴隶社会，相继建立了夏、商、周3个奴隶制王朝。夏商周时期，在继续沿用原始社会农具的基础上，又发明了一些新的农具，使农具的种类有了新的发展。

这一时期的农具包括：整地工具斧与锛，挖土工具耒与耜，直插式的整地农具铲，直插式挖土工具锸，灌溉机械桔槔，用动力牵引的耕地农机具犁，提取井水的起重装置辘轳。这些农具配套成龙，使农业生产得到了很大发展。

■ 原始人的农具石锛

我国农具的源头，可以上溯到远古时期的整地农具斧与锛。整地是一项重要的农业作业，是为了给播种后种子的发芽、生长创造良好的土壤条件。整地农具包括耕地、耙地和整平等作业所使用的工具。

在原始农业阶段，最早的整地农具是耒耜。而在耒耜发明之前，斧与锛是重要的生产工具。

斧、锛是远古时代最重要的生产工具，出土的数量也最多。人们既可用它们作为武器打击野兽，也可以用来砍伐森林、加工木材、制造木器和骨器。人们在从事火耕和耜耕农业，开垦荒地之时，就需要用石斧、石锛来砍伐地面的树木，砍斫地里的树根。

商周之后，由于农业的进步，人们已脱离刀耕火种的阶段，砍伐森林不再是农耕的重要任务。斧、锛在农耕作业中的地位虽然下降，但在手工业中却发挥了更大的作用。

耒和耜是两种最古老的挖土工具。耒的下端是尖锥式，耜的下端为平叶式。

耒是从采集经济时期挖掘植物的尖木棍发展而来

■ 原始人类使用的石斧

整地 作物播种或移栽前进行的一系列土壤耕作措施的总称。主要作业包括浅耕灭茬、翻耕、深松耕、耙地、耱地、镇压、平地、起垄、沙田、作畦等。其目的是创造良好的土壤耕层构造和表面状态，提高土壤肥力，为播种和作物生长、田间管理提供良好条件。

种植细说

古代栽培与古代园艺

■ 原始人的劳动工具

的。早期的耒就是一根尖木棍，之后在下端安一横木便于脚踏，容易入土。再后来，单尖演变为双尖，称为双尖耒。

单尖木耒的刃部发展为扁平的板状刃，就成为木耜。它的挖土功效比耒大，但制作也比耒复杂，需要用石斧将整段木材劈削成圆棍形的柄和板状的刃。

在陕西省临潼县姜寨和河南省陕县庙底沟等新石器时代遗址，都发现过使用双齿耒挖土后留下的痕迹。此外，浙江省余姚市河姆渡和罗家角等新石器时代遗址，也曾出土过木耜。

由于木耜的刃部容易磨损，后来就改用动物肩胛骨或石头制作耜刃绑在木柄上，成为骨耜或石耜。它们都坚硬耐磨，从而提高了挖土的效率。

骨耜是用偶蹄类哺乳动物的肩胛骨制成的，肩部挖一方孔，可以穿过绳子绑住木柄。

骨耜中部磨有一道凹槽以容木柄，在槽的两边又

开了两个孔，穿绳正好绑住木柄末端，使木柄不易脱落，其制作方法已相当进步。

■ 原始人使用的石耜

发现早期骨耜最多的地方是浙江省余姚市河姆渡遗址和罗家角遗址，距今7000年左右。

石耜比骨耜的年代要早。北方较早的新石器时代遗址，如河北省武安县磁山遗址和河南省新郑县裴李岗遗址，以及辽宁、内蒙古等地的遗址中都出土了很多石耜，其年代最早可追溯至8000年前。

耒、耜使用的年代相当长久，直至商周时期还是挖土的主要工具。在铁器出现之后，木耒、木耜也开始套上铁制的刃口，使其坚固耐用，工作效率倍增。

耒、耜在汉代犁耕已经普及的情况下也没有绝迹，不但文献上经常提到，各地汉墓中也常有耒、耜的模型或实物出土。大约到三国以后，耒、耜才逐渐退出历史舞台。

偶蹄类 距今约5300万年至3650万年前，一种称为古偶蹄兽的小动物从踝节类中分化出来，它的距骨除了有类似于奇蹄类那样的近端滑车之外，远端也呈滑车状而不再是平面。正是这种双滑车的距骨奠定了一种进步的有蹄类即偶蹄类的基础。

铲是一种直插式的整地农具，和耜是同类农具。一般将器身较宽而扁平、刃部平直或微呈弧形的称为铲，而将器身较狭长、刃部较尖锐的称为耜。

商周时期出现青铜铲，肩部中央有銎，可直接插柄使用。春秋战国时期，铁制铲的使用更为普遍，形式有梯形的板式铲和有肩铁铲两种。至汉代始有铲的名称，东汉经学家许慎的《说文解字》，是我国第一部按部首编排的字典，其中已收有"铲"字。

锸为直插式挖土工具。锸在古代写作"臿"，东汉训诂学家刘熙在《释名》中说，臿被用于"插地起土"。最早的锸是木制的，与耜差不多，或者说就是耜，在木制的锸刃端加上金属套刃，就成了锸，它可以减少磨损和增强挖土能力。

商周时期的锸多为凹形青铜锸，春秋时期的铜锸形式较多样，有平刃、弧刃或尖刃等。

战国时期开始改用铁锸，主要有"一"字形和"凹"字形两种。到了汉代，锸依然是挖土工具，在兴修水利取土时发挥了很大作用。使用时双手握柄，左脚踏叶肩，用力踩入土中，再向后扳动将土翻起。

商代发明的桔槔是一种灌溉机械。桔槔的结构，相当于一个普通的杠杆。在其横长杆

■ 大铁锸

用于灌溉的桔槔

的中间由竖木支撑或悬吊起来，横杆的一端用一根直杆与汲器相连，另一端绑上或悬上一块重石头。

当不汲水时，石头位置较低，当要汲水时，人则用力将直杆与汲器往下压，与此同时，另一端石头的位置则上升。

当汲器汲满后，就让另一端石头下降，石头原来所储存的位能因而转化。通过杠杆作用，就可以将汲器提升。这种提水工具，是我国古代社会的一种主要灌溉机械。最早出现在商代时期，在春秋时期就已相当普遍，而且延续了几千年。

商代开始使用犁，是用动力牵引的耕地农机具，也是农业生产中最重要的整地农具。它产生的历史较晚，约在新石器晚期，是用石板打制成三角形的犁铧，上面凿钻圆孔，可装在木柄上使用，估计当时还没有采用牛耕，应是用人力牵引。

刘熙（约公元160年—？），或称刘熹，字成国，北海（今山东昌乐）人。东汉经学家、训诂学家。所著《释名》是一部从语言声音的角度来推求字义由来的著作，它注意到当时的语音与古音的异同，对后代训诂学因声求义的影响很大，同时也是研究汉语语源学的要典。

坎儿井木质辘轳

江西省新干县的商墓出土过两件青铜犁铧，呈三角形，上面铸有纹饰。这是目前仅有的经过科学发掘有明确出土地点和年代判断的商代铜犁铧。它证明商代人们确实使用过铜犁。

犁具备了动力、传动、工作三要素，比其他农具结构复杂，可算是最早的农机具。它的出现，为以后铁犁的使用开辟了道路。

周初使用的辘轳是提取井水的起重装置。周人在井上竖立井架，上装可用手柄摇转的轴，轴上绕绳索，绳索一端系水桶。摇转手柄，使水桶可升可降，提取井水。

夏商周三代发明的许多农具，在我国应用时间较长，有的虽经改进，但大体保持了原形。说明在3000年前我国劳动人民就设计了结构很合理的农业工具，在我国农具史上具有非常重大的意义。

阅读链接

传说炎帝被拥戴为南方各部落联盟长之后，广尝百草，向人们广传五谷种植技术，但因土地板结，种植的五谷往往枯萎。

为了找到对付土块板结的良方，炎帝找来木棍，架起火堆，一边烘烤，一边按人的意愿弯曲，一柄漂亮适用的耒造出来了。这就是"揉木为耒"。

炎帝亲自使用耒耕作，不断改进，不但定准了耒的长短尺寸，还把下端尖叉改削成上宽下窄的锋面耜。这就是"斫木为耜"。神农氏使用耒耜种植五谷，使江南成为古代农业最发达的地区。

春秋战国时期的铁农具

　　春秋战国时期，生产力的发展最终促进了各
国的变革运动和封建制度的确立，也推动了经济
的相对繁荣。

　　铁器的使用和牛耕的推广，标志着社会生产
力的显著提高，我国的封建经济也得到了进一步
的发展。

　　这一时期的社会变革，其根源就是以铁器为
特征的生产力革命。但在铁制农具被大量使用之
前，青铜农具仍然是最主要的生产工具。

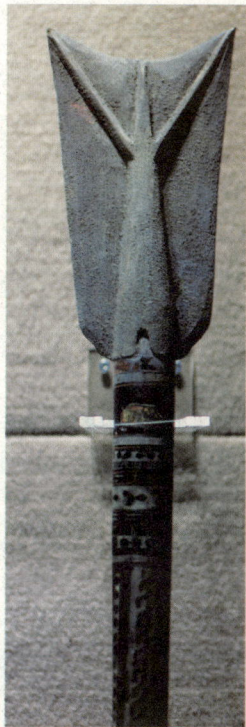

■ 战国时期的农具

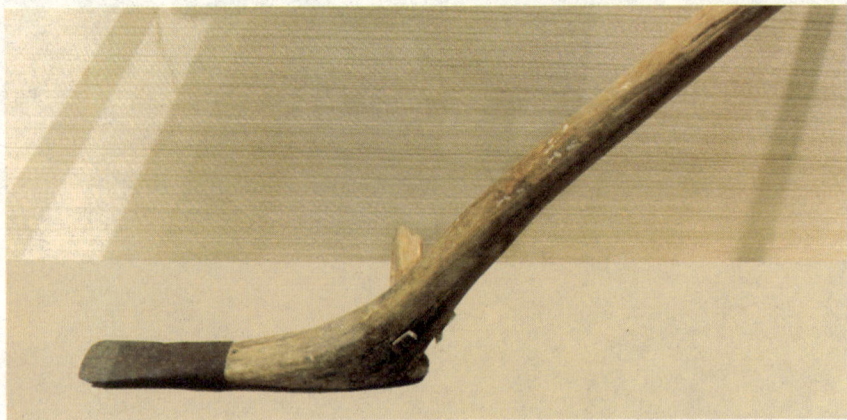
■ 春秋时期的踏犁

古代栽培与古代园艺

春秋时期，青铜农具仍然被大量生产和使用。在黄河流域中游陕西、山西、河南等地发现的铲、锸、钁、斤等青铜农具，其形制和种类虽没有超出商周时期，但数量大大增加了，铸造技术也有很大进步。

在位于山西省南部的侯马晋国遗址出土了几千块铸造青铜工具的陶范，其中钁、斤类陶范占总数的八成以上。

在长江流域，春秋时期使用青铜农具的情况也较为普遍。在江苏、浙江等吴、越国地域内都出土了青铜锸、锄、镰、斤、耨等农具。

安徽贵池也出土了一批青铜农具。这一地区出土的锯镰，或称齿刃铜镰，制作十分科学，用钝了，只要将背面刃部稍磨，便又会锋利。它是近代江、浙、闽、鄂等地仍在使用的镰刀的雏形，是吴、越地区颇具特色的一种农具。

到了春秋后期，冶铸业以农民个体家庭的小手工业形式存在，反映出青铜农具使用的减少，铁制农具逐步取代青铜农具，开始被广泛使用。

在湖南、江苏等地的春秋墓葬中，曾发现一批铁农具。成书于战国时期的《山海经》中记载的铁矿山达30多处。这说明，我国当时的冶铁技术已经粗具规模。

周平王东迁洛邑，建立东周后，当时东周王室衰微，加上夷狄不断侵扰，国家名为统一，实已分崩离析。各路诸侯趁隙而起，争霸中原，一场场战争开始了。

在经过了一番长时间的此消彼长之后，公元前651年，齐桓公在葵丘，即今河南兰考县东大会诸侯，周王派宰孔参加，赐给齐桓公"专征伐"的权力，齐桓公由此成为春秋时期的第一个霸主。

齐国原本不大，又地处文化较为落后的东海之滨，为何能首先称霸呢？最直接的原因是明智的齐桓公任用了管仲为相。

能干的管仲则通过发展工商业赚取钱财，使国家很快富足，军力迅速强大了起来。在管仲诸多的富国强兵措施中，"官山海"是最为有效的一种。官山海就是由政府管制盐业和矿产，矿产中就包含着铜铁。

■ 战国时的铁锄

战国时的铁镰刀

齐桓公之所以能够划时代地成为"春秋五霸"之首，就是因为煮海为盐积累了资金，铸铁为耕具提高了农业生产。由此可见，铸铁技术在齐桓公时已接近成熟。

据春秋时期齐国政治家管仲的《管子》一书记载，春秋时齐国已经用铁农具耕种土地，这是我国有关使用铁器进行农业生产的最早文字记载。

《管子·轻重已》说：

一农之事，必有一耜、一铫、一镰、一鎒、一椎、一铚，然后成为农。

耜是翻土农具耒耜的下端，铫是大锄，镰是镰刀，鎒是小手锄，椎是击具即榔头，铚是短的镰刀。可见，那时的铁农具品种很多。

由于铁农具的大量使用，土地才有可能深耕细作，使谷物产量大大增加。铁农具的使用使大型水利工程得以兴建，齐国凿渠沟通汶水和济水。这些都促进了农业的发展和人口的增长，为国力增强奠定了基础。

铸铁农具的使用既然能使齐国强盛起来，相邻各国必将效之。稍后的战国时期，铸铁技术被各个诸侯国普遍采用，其最初的契机应该就在这里。

鼓风方法的革新，是提高冶铁技术的关键之一。只有革新了鼓风方法，才有可能把炼炉造得高大，使炼炉的温度提高，从而加快冶炼的过程和提高铁的生产量。

我国古人由于改进了炼炉的鼓风方法，提高了炼炉的温度，很早就发明了冶炼铸铁的技术，使炼出的铁成为液体，从而加速了冶铁过程，提高了铁的生产率。这对冶铁业的发展和铁工具的推广使用具有决定意义。

至战国中晚期，冶炼铸铁和铸造铁器已开始分工，河南新郑郑韩古城的内仓、西平酒店村和登封告城镇，都已发现战国铸铁遗址。

河南登封的告城镇发现了熔铁炉底及炉衬残片，还发现有拐头的陶鼓风管以及木炭屑，可见当时熔铁炉和炼铁炉同样以木炭为燃料。

考古发掘出土的战国以及汉魏铁农具，大多数是铸铁制造的，在同时的手工业工具中，铸铁件也占很

■ 铁匠铺内的鼓风机

铁范 硬模铸造的一种。由于铁范的温度较低，铁水浇入铁范后瞬间降温，铁范的温度不会上升太高，而之后由于铁水迅速冷却，结硬皮并收缩，在凝固的铁水和铁范之间形成一个"间隙"，铁水实际上是在"间隙"中冷却。

大比例。

在北起辽宁，南至广东，东至山东半岛，西到陕西、四川，包括7个古国的广大地区，都发现有战国铁器的出土，而且种类、数量很多。

在河南辉县的战国魏墓中，曾发现58件铁农具，有犁铧、锄、耑、镰、斧等，其中有两个"V"字形的铧，构造虽然还很原始，没有翻土镜面的装置，但已能起到破土划沟的作用。

在河北兴隆县发现了一个战国后期，燕国的冶铁手工业遗址，有铸造工具的铁范87件，其中有铁锄铸范、铁镰铸范等。

在河南新郑县和登封市附近发现的战国时期韩国冶铁遗址中，有许多原始性的卧式层叠铸范，可知战国时已经发明层叠铸造技术。这种层叠铸造法是把许

■ 古代农具制作塑像

多范片层层叠合起来，一次浇铸多个铸件。

从这些考古发现来看，战国时南北各地农具的种类和形式已经没有多大区别。

春秋战国之际，我国奠定了冶铁术的基本走向，即以生铁冶铸为主。而以生铁冶铸为主的技术传统，是我国古代金属文化与西方早期以锻铁为主的金属文化的主要区别。也正是生铁冶铸技术的早期发明与广泛应用，造就了中华文明最初的辉煌。

冶铁技术的进步，为铁制农具的出现提供了基本条件。战国时期铁犁的发明就是一个了不起的成就，它标志着人类社会发展的新时期，也标志着人类改造自然的斗争进入一个新的阶段。

春秋战国时期，牛耕开始推广，铁犁铧也取代了青铜犁铧。陕西、山西、山东、河南、河北等地都有战国的铁犁铧出土，说明犁耕已在中原地区广泛使用。

出土的铁犁多数是"V"字形铧冠，宽度在20厘米以上，比商代铜犁大得多。它是套在犁铧前端使用的，以便磨损后及时更换，减少损失。这说明战国的耕犁已比商周时期进步得多，大大提高了耕地能力。

铁器农具的出现及牛耕技术的使用，极大地节省了社会劳动力，扩大了生产规模，促进了社会生产力

■ 战国时期的双镰铁范

生铁　生铁是含碳量大于2％的铁碳合金。生铁坚硬、耐磨、铸造性好，但生铁脆，不能锻压。根据生铁里碳的存在形态的不同，又可分为炼钢生铁、铸造生铁和球墨铸铁等几种。生铁中除铁外，还含有碳、硅、锰、磷和硫等元素。这些元素对生铁的性能均有一定的影响。

农业牛耕场景复原图

的发展，进而推动了当时社会制度的变革，促使奴隶制社会向封建制社会转变。

可以说，铁制农具与牛耕技术的使用，是人类社会进一步走向文明时代的一个标志。经过几千年的发展和完善，铁制农具逐渐形成了种类繁多、制造简单、小巧灵活、使用方便的完整体系，适应了我国农业生产环境和农作物的要求。

阅读链接

春秋时期，齐国政治家管仲在被齐桓公任命为相时，齐桓公曾经向管仲提出如何解决国家财政不足的问题。

管仲曾长期经商，对盐铁两种商品有着清楚准确的认识。管仲认为，只有实施制盐业和冶铁业的国家垄断性经营，才能解决这一问题。

齐桓公采纳了管仲的建议，废止先前允许私人经营盐铁业的政策，转而实施制盐业和冶铁业的国家垄断性经营。这一措施，为齐国的强大奠定了坚实的基础，终使齐桓公称霸诸侯，成为春秋时期的第一个霸主。

秦汉时期的农具

秦汉时期，朝廷开始实施重农抑商政策，鼓励人民发展农业及手工业。在这种情况下，农业得到很大发展，农业的生产工具——农具自然也有所发展。

这一时期，由于冶铁业的发展，铁犁被广泛应用，铁犁部件的改进，大大提高了耕作效率。与此同时，冶铁业的发展还促进了三角耧、翻车等新农具的诞生。

这些新技术提高了生产效率，稳固了封建社会的经济基础，推动了社会的发展。

■ 汉代青铜镰刀

汉代时的铁锄

古代栽培与古代园艺

咸阳宫 秦代宫殿。位于今陕西咸阳市东，当初秦都咸阳城的北部阶地上。公元前350年秦孝公迁都咸阳，开始营建宫室，至迟到秦昭王时，咸阳宫已建成。在秦始皇统一六国过程中，该宫又经扩建。据记载，该宫为秦始皇执政"听事"的所在。

秦汉时期推行重农抑商农业政策，加速了农业的发展，也使农业生产者开始改进生产工具，提高了生产效率。而当时冶铁技术的发展，成了改进农具的保障。

冶铁业在战国后期已相当发展，秦始皇建立秦王朝后，冶铁业成为秦代最重要的手工业。曾在秦都咸阳宫殿区附近的聂家沟西北，发现秦的官营手工冶铁、铸铁作坊遗址。遗址上到处都是铁渣、炉渣，并有铁块等，规模庞大。

秦代除官营冶铁业外，民营冶铁业也很发达。司马迁的四世祖司马昌曾为秦国的铁官，当时铁官大概既管理官营冶铁业，又负责向民营冶铁业收取铁税。

据司马迁的《史记·货殖列传》记载，秦政权曾把一批六国的冶铁富豪迁到巴蜀、南阳等地，这些人到达迁地以后，就利用自己的资金和技术，募民冶铁，不久都成为巨富。

汉代冶铁业也有很大发展，现已发现汉代冶铁遗址多处，铁器几乎遍及全国各地，其数量之多，远远超过了前代。

安阳冶铁遗址，位于该市北郊，是一处汉代铸造铁器的工厂，面积达12万平方米。遗址中发现炼炉17座，完整的冶铁坩埚3个，耐火砖、铁块堆、铁渣坑、打磨铁器的磨石、铁砧等，以及已铸成的铁器，其中有农业工具刀、锄、铲、镰、锤等。

另外还有铸造器物的范和模。特别是出土的齿轮，外圆内方，外缘有10个齿，有力地说明了汉代铁制技术的进步以及对力学原理的应用。

河南巩县铁生沟冶铁遗址，是一处比较完整的冶铁作坊，面积为1500平方米。在遗址附近发现有丰富的铁矿和煤层，遗址内有矿石加工厂，各式炼炉、熔炉和煅炉共20座。

炼炉采用各种的耐火材料，还有配料池、铸造坑、淬火坑、储铁坑等设施以及大量的铁制生产工具。生产设备齐全，有鼓风装置。更重要的是遗址内发现了煤和煤饼。

根据上述两处汉代冶铁遗址以及出土的大量实物，说明两汉冶铁和铸造锻制技术有很大发展，当时已用煤作燃料，使用鼓风装置，并具有成套的手工炼铁设备和完善的生产工序。

冶铁技术的发展，为铁制农具的广泛使用，提供了条件。当时的铁农具与战国时相比较，有明显进步。如最重要的翻土农具犁，陕西和河南出土的部分犁铧上的铧冠，形状虽和战国时相似，但冠的铁质优于犁铧部分，说明深知将

坩埚 是用极耐火的材料如黏土、石墨、瓷土、石英或较难熔化的金属铁等所制的器皿或熔化罐。坩埚为一陶瓷深底的碗状容器。坩埚是冶炼炉的重要组成部分，它是熔化和精炼金属液体的空间，是保证冶炼顺利进行的基础。

■ 汉代时的铁犁

铁匠铺内的工具

"钢"用在刀刃上的道理。

汉代开始广泛使用曲面犁壁,这在世界上是最早的。在陕西的咸阳、西安、礼泉,河南的中牟,山东的安丘等地出土的犁壁,大体可分为4种类型:菱形壁、板瓦形壁、方形缺角壁和马鞍形壁。犁铧上安装犁壁,使犁耕的松土、碎土、翻土效率有了提高。

汉代还出现了与近代铧式犁相似的古代铧式犁。它不仅具有较强的切土、碎土、翻土、移土的性能,且能将地面上的残茬、败叶、杂草、虫卵等掩埋于地面下,有利于消灭杂草和减轻病虫害。

犁是用动力牵引的耕地农机具,也是农业生产中最重要的整地农具。秦代推行富国强兵政策,措施之一就是改进铁犁形制,推广牛耕铁犁,以扩大耕地面积,提高粮食产量。

汉代铁犁的结构与零件已经基本定型,具备犁架、犁头和犁辕,用牛牵引,不仅能挖土,还能翻土。犁架结构由床、梢、辕、箭、衡五大零件组成,汉代犁架已基本具备这五大零件。

西汉武帝末年,赵过推行"代田法"时,耕田时一般用二牛三人，其中有人专门扶辕，用来调节入土深浅。可见，当时犁箭只能起稳固犁架作用。

汉武帝时，犁头发生了较大变化。陕西关中地区出土了很多汉代铁制农具，其中犁具数量很多，并具有全铁大铧、小铧、犁壁及巨型犁铧等不同形制品种。

从陕西省出土的汉代舌形大铧来看，犁铧呈舌刃梯形，平均长32厘米，后宽32.5厘米，平均重7.5千克，锐角，上面尖起，下面板平，前低后高，中部有微高的凸脊，后边有装木犁头的等腰三角形銎。

还有一种形制较大的巨型大铧，平均长38.3厘米，后宽36.3厘米，一般重9千克，最重达15千克。巨铧古称"铃鐅""睿铧"，用来开垦田间的沟渠。巨铧在汉代已普遍使用。

与上述两种铧同时出土的有"V"字形铧冠与犁壁。出土时，"V"字形铧冠有的套合于铧的尖端，有的单独存放。犁壁又称鐾土、翻土板等，安装在犁铧的上方，与犁铧后部共同组成一个不连续曲面。

汉代的犁式耕作，即牵引方式。畜力牵引有两牛牵引和一牛牵引两种方式。两牛耕田的牵引方式，一般采用"二牛抬杠

代田法 西汉农学家赵过推行的一种适应北方旱作地区的耕作方法。由于在同一地块上作物种植的田垄隔年代换，所以称作"代田法"。这种新耕作法，在用地养地、合理施肥、抗旱、保墒、防倒伏、改善田间小气候诸方面多有建树，是后世进行耕作制度改革的先驱和祖师。

■ 汉代时的铁犁头

式", 即犁辕后接犁梢, 前接犁衡。

犁衡是一直木棒, 与辕垂直交接, 交接处有一三叉戟联搭, 以适当调节挽力不同的二牛在行进中的负担, 使犁平衡, 犁衡缚于牛角, 称为角轭, 后普遍成为肩轭, 从而大大加强了牛的牵引力。

二牛抬杠式始见于赵过推行代田法之后, 与使用畜力及大型犁铧相关, 成为生产力发展的重要标志。直至现在, 在北方地区尚存二牛耕田, 少数民族地区则多用二牛耕田。

汉武帝时, 犁耕的3个重要组成部分犁架、犁头、犁式都已初步定型, 实现了从耒耜到犁的根本转变。

新农具的增加是秦汉时期农具发展的又一标志。主要的成就是播种工具三脚耧和灌溉工具翻车的出现。

三脚耧车下有3个开沟器, 播种时, 用一头牛拉着耧车, 耧脚在平整好的土地上开沟进行条播。由于耧车把开沟、下种、覆盖、镇压等全部播种过程统于一机, 一次完工, 既灵巧合理, 又省工省时。

除了三脚耧车外, 灌溉机械翻车也是一项重大发明。据《后汉

种植细说

古代栽培与古代园艺

■ 二牛抬杠蜡像

■ 翻车模型

书》的《宦者列传·张让》记载，汉灵帝时，翻车是东汉时人毕岚发明的。这是我国"翻车"一词最早见于史籍。

翻车是一种刮板式连续提水机械，又名龙骨水车，是我国古代最著名的农业灌溉机械之一。可用手摇、脚踏、水转或风转驱动。龙骨叶板用作链条，卧于槽中，车身斜置河边或池边。下链轮和车身一部分没入水中。驱动链轮，叶板沿槽刮水上升，到长槽上端将水送出。

这样连续循环，把水输送到需要之处，可连续取水，功效提高，操作方便，还可及时转移取水点，即可灌溉，也可以排涝。我国古代链传动的最早应用就是在翻车上，是农业灌溉机械的一项重大改进。

阅读链接

西汉农学家赵过为了使代田法的推广有确实的把握，他首先在皇帝行宫、离宫的空闲地上做生产试验，证实代田法的确能比其他的田地增收。又设计和制作了新型配套农具，然后利用行政力量在京畿内要郡守命令县、乡长官、三老、有经验的老农学习新型农具和代田耕作的技艺。

赵过先在公田上作重点示范、推广，并逐步向边郡居延等地发展。最后在边城、河东、三辅、太常、弘农等地作广泛推行，并取得了成功。

魏晋南北朝时期的农具

魏晋南北朝时期，由于社会环境的巨大变化，促使人们为谋求生存而在农业生产领域付出更多的劳动和探索，从而推动了北方农业生产的不断进步。

这一时期，南北方农业的发展开始趋于平衡，耕作工具与技术有了一定的进步，出现了铁齿耙等新农具。尤其是马钧研制改进的翻车，在我国农业史上占有重要地位。

■ 晋代时的铁铧

魏晋南北朝时期，由于钢铁冶炼、加工技术的进步和其他手工业技术的发展，农业生产工具有了不少改进。原有农具不但在形制、材质上发生了许多变化，一些汉代发明出来的先进生产工具进一步推广，而且创造了一些新的品种，使生产分工更细，使用起来更为方便有效。

首先是牛耕进一步得到普及。我国的铁犁牛耕产生于春秋后期，秦汉时期虽努力推广，但尚未真正普及。

在汉代文献及画像石中，以二牛牵引的二牛抬杠为主要形式。西晋以后单牛拉犁已很常见，在魏晋后期的壁画中，其数量已超过了二牛抬杠。不难看出，单牛方式将一犋犁的成本投入几乎降低了一半，因此有利于牛耕的普及。

魏晋南北朝时期游牧民族进入中原，使牛的数量增加，普通农民大都能够养得起一头牛，牛耕在这一时期才真正实现了大众化，我国农业也才真正进入牛耕时代。

在嘉峪关等地的魏晋墓壁画中，有大量的牛耕图，仅在一座墓中就有7幅，总数有20多幅。其内容多为民间农耕，也有军事屯田，耕田者既有汉族也有鲜卑、羌、氐等少数民族。

■ 魏晋时期农耕彩绘砖

这说明，魏晋时期在偏僻的辽西地区和河西地区，牛耕已与内地同样得到广泛普及。

魏晋南北朝时期，北方地区发明了畜力牵引的铁齿耙在农业生产工具方面具有最重大的贡献。铁齿耙即《齐民要术》中多次提到的"铁齿楱"，这是畜力耙最早的文献记载。

最早的畜力耙图像资料是嘉峪关及酒泉等地的魏晋墓室壁画，最初的畜力耙都为一根横木，下装单排耙齿，人站在上面很不稳便。例如一座曹魏墓出土的耙地画像砖，画面中一妇女挥鞭挽绳蹲于耙上，耙下装有许多耙齿，一头体型健硕的耕牛在驱赶吆喝声中奋力拉耙耙地，驱牛女子长发飘逸，使整个画面平添了几分生气。

嘉峪关及河西地区的耙地画像砖共计10多幅，由此看来，畜力耙虽刚发明出来不久，但普及速度还是相当快的。

在牵引器具上，魏晋时期已使用绳索软套，并可

能出现了框式耙。当时还没有使用犁索，至唐代曲辕犁才使用软套，但在《甘肃酒泉西沟魏晋墓彩绘砖》中有两幅单牛耙地图，其中一幅为常见的单牛双辕牵引的单排齿耙。

另一幅则非常特殊：图中一肥硕健壮的黄牛在拉耙耙地，牵引器具不是常见的长直辕，而是两条绳索，由于正在行进中，绳索被拉紧绷直，如两条笔直的平行线。

耙后面的操作者，两手各操一缰绳驭牛，左手近身，其绳松弛；右手前伸，其绳拉紧，似在驭牛右转弯。

软套的发明使农田耕作真正实现了灵活快捷、操作自如，框式耙使耙地作业平稳安全，碎土效果更好，两项发明一直为后世沿用。

魏晋时期马钧研制和改进的翻车，是一项重大科研成果。马钧在洛阳任职时，当时城内有地，可以开辟为花园。为了灌溉土地，马钧便改进了翻车。

马钧 字德衡，魏晋时期扶风（今陕西兴平）人。是我国古代科技史上最负盛名的机械发明家之一。他又奉诏制木偶百戏，称"水转百戏"。他改造了织绫机，研制了用于农业灌溉的工具龙骨水车。此后，马钧还改制了诸葛亮的木牛流马，为农具发展和技术进步做出了贡献。

种植细说

古代栽培与古代园艺

清代麟庆所著的《河工器具图说》记载了翻车的构造：车身用3块板拼成矩形长槽，槽两端各架一链轮，以龙骨叶板作链条，穿过长槽。

车身斜置在水边，下链轮和长槽的一部分浸入水中，在岸上的链轮为主动轮。主动轮的轴较长，两端各带拐木4根；人靠在架上，踏动拐木，驱动上链轮，叶板沿槽刮水上升，到槽端将水排出，再沿长槽上方返回水中。如此循环，持续把水送到岸上。

马钧研制改进的翻车，轻快省力，可让儿童运转，比当时其他提水工具强好多倍，因此，受到社会上的欢迎，被广泛应用。直至现代，我国有些地区仍使用翻车提水。

这种翻车，是当时世界上最先进的生产工具之一。如果说毕岚是我国历史上翻车的创造者，那么，三国时的马钧，应是翻车技术的改进者。

■ 魏晋时期的翻车

魏晋时期的农业耕作彩绘砖

　　魏晋南北朝时期，北方农具的种类增多，贾思勰在《齐民要术》中记载的农具就有20多种，其中除犁、锹、锄、耩、镰等原有农具之外，新增的有铁齿漏楱、陆轴、铁齿耙、鲁斫、手拌斫、批契、木斫、耧、窍瓠、锋、挞、耢等。其中的窍瓠、锋、挞、耢尤具特色。

　　窍瓠是一种新的播种农具，《齐民要术·种葱》中说："两耧重耩，窍瓠下之，以批契继腰曳之。"就是指用耧开沟后，用窍瓠播种。

　　锋是一种畜力牵引的中耕农具，在禾苗稍高时使用，如种谷子，"苗高一尺，锋之"。锋有浅耕保墒的作用，还可以用于浅耕灭茬。墒是耕地时开出的垄沟。

　　挞是播后覆种镇压的工具。据《齐民要术》所载，挞用于耧种之后，覆种平沟，使表层土壤踏实。

　　耢在使用时，人立其上，用以提高碎土和覆土等功效。但是否站人，要视情况而定。如湿地种麻或胡麻，就无需站人，因为耢上加人，会使土层结实。

　　在新增农具的同时，原有的一些农具，如犁和其他畜力牵引工具也有了较大改进。犁是当时的主要耕具，从河南渑池出土的铁犁情况来看，当时有3种类型的犁：一种是全铁铧，另一种是"V"字形铁铧，还有一种是双柄犁，犁头呈"V"字形，可安装铁犁铧。

魏晋时期的农耕画砖

《齐民要术》中提到一种"蔚犁"，既能翻土作垄、调节深浅，又能灵活掌握犁条的宽窄粗细，并可在山涧、河旁、高阜、谷地使用。

从嘉峪关等地发现的魏晋墓室壁画中可以看出，当时犁的形式有二牛抬扛式，也有单牛拉犁式，其中单牛拉犁式渐趋普及。

我国黄河中下游地区历来干旱，尤以春季少雨多风，这些农具主要是适应北方旱作的需要而出现的。

阅读链接

马钧住在魏国京城洛阳时，洛阳城里有一大块坡地非常适合种蔬菜，老百姓很想把这块土地开辟成菜园，可惜因无法引水浇地，一直空着。

马钧看到后，就下决心要解决灌溉上的困难，在机械上动脑筋。经过反复研究、试验，他终于创造出一种翻车，把河里的水引上了土坡，实现了老百姓多年的愿望。

马钧创制的翻车不但能提水，而且还能在雨涝的时候向外排水。这种翻车一直被乡村沿用，直至实现电动机械提水以前，它一直发挥着巨大的作用。

唐代成熟的曲辕犁

农具的改进以及广泛应用，对唐代农业生产的发展起了重要作用。唐以前笨重的长直辕犁，回转困难，耕地费力。江南农民在长期生产实践中，改进前人的发明，创造出了曲辕犁。

曲辕犁的发明是我国农业生产方面最大的成就之一，它的出现是我国耕作农具成熟的标志。唐代曲辕犁的广泛推广，大大提高了劳动生产率和耕地的质量，使我国在耕地农具方面达到了鼎盛时期，在技术上足足领先欧洲近2000年。

■ 曲辕犁

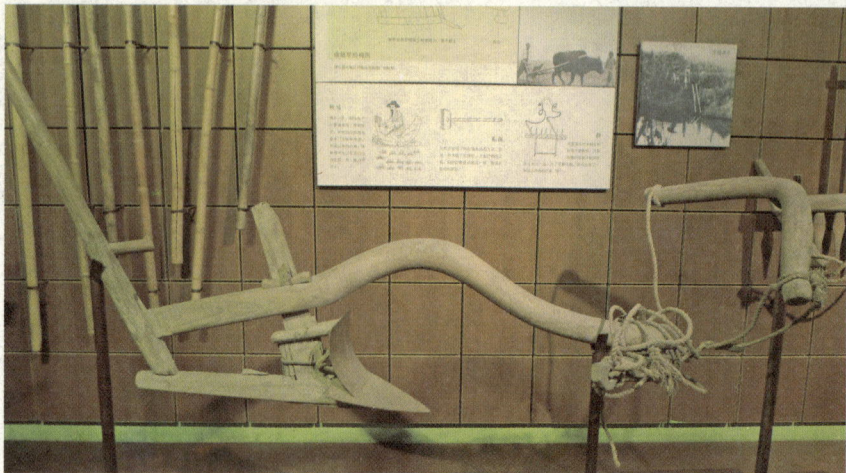
农具曲辕犁

古代栽培与古代园艺

陆龟蒙（？—公元881年），字鲁望，自号江湖散人，甫里先生，又号天随子，唐代苏州吴县人。唐代诗人、文学家。他与皮日休为友，时常一起游山玩水，饮酒吟诗，世称"皮陆"。陆龟蒙也是我国农业史上著名的农学家，曾经大力推广曲辕犁。代表作品《耒耜经》。

犁是早期人类耕地的农具，我国人民大约自商代起使用耕牛拉犁，木身石铧。随着冶铁技术的广泛运用，唐代出现了曲辕犁，使我国农业发展进入了一个新的阶段。

曲辕犁的设计思想，来源于耒和耜，它们本是两种原始的翻土农具，传说最早是神农氏"断木为耜，揉木为耒"。实际上最初的耒只是一尖头木棒，后来又在尖头木棒的下端安装了一个短棒，用于踏脚，这便是耜。

秦汉时，犁已具备犁铧、犁壁、犁辕、犁梢、犁底、犁横等零部件，但多为直的长辕犁，回转不灵便，尤其不适合南方水田使用。

到唐代时，直的犁辕改进为曲的犁辕，既调节了耕地的深浅，也省了不少力气，大大提高了耕作效率，被称为"曲辕犁"。因为曲辕犁在江东一带被广泛使用，因此又称为"江东犁"。

唐代曲辕犁的主要功能是翻土、耕地，提高土地的利用率和农作物的产量。

曲辕犁主要分为犁架和犁铧两部分，犁架主要由木材制作，犁铧由铁来做成。制作工艺较简单：犁架多采用楗、梢、榫等来连接固定，这样不仅轻便灵活，也更坚固耐用。犁铧通过铁制冶炼、捶打来实现，犁铧锋利，有利于耕作。

据陆龟蒙的《耒耜经》记载，唐代曲辕犁为铁木结构，由犁铧、犁壁、犁底、压镵、策额、犁箭、犁辕、犁评、犁建、犁梢、犁盘11个零部件组成。

犁铧用以起土，犁壁用于翻土，犁底和压镵用以固定犁头，策额保护犁壁，犁箭和犁评用以调节耕地深浅，犁梢控制宽窄，犁辕短而弯曲，犁盘可以转动。

整个犁具有结构合理，使用轻便，回转灵活等特点，它的出现标志着我国传统的犁已基本定型。《耒耜经》对各种零部件的形状，大小，尺寸有详细记述，十分便于仿制和流传。

■ 博物馆内的曲辕犁

后来曲辕犁的犁盘被进一步改进，出现了二牛抬扛，直至现在仍被一些地方运用。

唐代曲辕犁功能突出，它的应用和发展，得力于其精巧的设计。

与直辕犁相比，唐代曲辕犁的设计具有良好的使用功能，不仅可以通过扶犁人用力的大小控制耕地的深浅，还大大节省了劳动力，有很高的劳动效率。

曲辕犁的犁盘上可以架两头或更多头牛，这样既保护了牛，又大大提高了耕作效率。

有古书记载：江东犁的效率来自于牛，按古人计算"一牛可抵七至十人之力""中等之牛，日可犁田十亩"，犁架加大就显得更加稳定，便于在耕地时控制。

犁铧多为"V"字形，尖头更加锋利，便于入土。曲辕犁的功能相当完善，实用性强。

从经济性来说，唐代曲辕犁的设计，更经济实用，适合普通老百

农耕时用的曲辕犁

古人使用的曲辕犁标本

姓购买和使用。

用材主要是木材和铁，木材价格低廉，随处可取。当时铁已广泛用于各种器物的制造上，冶炼的技术被人普遍掌握。从结构上看，既简单又连接牢固。整体经济性好，便于普遍推广利用。

从技术上看，唐代曲辕犁的设计更加先进，领先欧洲近2000年，是当时人类最先进的耕地农具。

曲辕犁犁铧的犁口锋利，角度缩小到90度以下，锐利适用。犁因不同需要而有大、中、小型之分，规格定型化，种类繁多，形制也因需要而有差异。

曲辕犁的犁头实现了犁冠化，使用于多沙石地区的犁头，多加装铁犁冠，其形制类似战国时期的"V"字形犁，对犁铧刃部起保护作用，可随时更换。

曲辕犁的犁铧实现了犁壁化，犁上装有犁壁，便于翻土，起垄，用力少而效率高。当时人们对铁的冶炼技术的掌握已相当纯熟，对木材结构连接的设计也相当完善。所以从技术上来讲是相当先进的，直

人机工程学 就是应用人体测量学、人体力学、劳动生理学、劳动心理学等学科的研究方法，对人体结构特征和功能特征进行研究，提供人体各部分的参数。其显著特点是将使用"物"的人和所设计的"物"以及人与"物"所共处的环境作为一个系统来研究。

■ 农家院内的曲辕犁

至目前曲辕犁还在很多地方被使用。

唐代曲辕犁的设计较以前的直辕犁更加人性化，符合人机工程学的要求。曲辕犁的制作材料选用自然的木材，农民对木材特有的感情会使其在使用时有亲切感。

曲辕犁在设计上符合人机工程学的要求，主要体现在通过犁梢的加长，使扶犁的人不必过于弯身，同时，加大犁架的体积，便于控制曲辕犁的平衡，使其稳定。

唐代曲辕犁不仅有精巧的设计，并且还符合一定的美学规律，有一定的审美价值。犁辕有优美的曲线，犁铧有菱形的，"V"字形的唐代曲辕犁，在满足使用功能的同时，还有良好的审美情趣，曲辕犁的美学价值也体现出来了。

均衡与稳定是美学规律中重要的一条。均衡是指造型物各部分前后左右间构成的平衡关系，是依支点表现出来的。稳定是指造型物上下之间构成的轻重关系，给人以安定、平稳的感觉，反之则给人以不安定或轻飘的感觉。

在唐代曲辕犁造型中，

以策额为中线，左右两边保持等量不等形的均衡。从色彩上来看，木材的颜色是冷色，而铁也是冷色，可以达到视觉上的均衡。犁铧为"V"字形，是一种对称，可以给人以舒适、庄重、严肃的感觉，对称本身亦是一种很好的均衡。

稳定主要表现在实际稳定和视觉稳定两方面。从造型上看，下面的犁壁、犁底、压镜体积质量较大，重心偏下，有极强的稳定性，这就是实际稳定。

从视觉平衡上看，犁架为木材，下面的犁铧为铁制，由于铁的质量分数比木材的质量分数大，从而给人以重心下移的感觉，有很强的视觉稳定感。

在唐代曲辕犁造型中，虽有直线的犁底、压镜、策额、犁箭和曲线的犁辕、犁梢，但它们的连接方式是相同的，大多用楗、梢、榫来连接固定，且主体以直线为主，这就是在变化中求统一。

■ 用曲辕犁犁地铜像

美学 是从人对现实的审美关系出发，以艺术作为主要对象，研究美、丑、崇高等审美范畴和人的审美意识，美感经验，以及美的创造、发展及其规律的科学。美学是以对美的本质及其意义的研究为主题的学科。美学是哲学的一个分支。

在唐代曲辕犁造型中，以直线型为主，给人以硬朗稳定的感觉，但犁辕和犁梢的曲线又使造型富有变化，给人以动态的感觉，起到对比和烘托作用。

曲辕犁以木材为主，而铁质的犁铧与木质的犁架形成了对比，这就是在统一中求变化。

犁铧本身也有一定的长宽比例，并与犁架的比例相统一、相和谐，这既满足了局部之间的比例关系，也照顾到了局部与整体的比例关系。

尺度是在满足基本功能的同时，以人的身高尺寸作为量度标准，其选择应符合人机关系，以人为本。

犁铧的尺度由耕地的深度宽度来确定，满足了基本的功能需求，犁梢的长度符合人机尺寸，减少了农民耕地时的疲劳。

唐代曲辕犁在我国古代农具发展史上有着重要的意义，影响深远。当时它不仅在技术上处于领先地位，而且设计精巧，造型优美。

在设计上，曲辕犁经济实用。从美学上看，曲辕犁有着独特的造

■ 曲辕犁

古代耕种的曲辕犁塑像

型，优美的线条和恰到好处的比例与尺度，符合审美需求。历经了宋、元、明、清各代，曲辕犁的结构没有明显的变化。

江东曲辕犁在华南推广以后，逐渐传播到东南亚种稻的各国。17世纪，荷兰人在印尼的爪哇等处看到当时移居印尼的我国农民使用这种犁，很快将其引入荷兰，对欧洲近代犁的改进有重要影响。

唐代曲辕犁的发明，为我国传统农具史掀开了新的一页，它标志着我国耕犁的发展进入了成熟的阶段。此后，曲辕犁成为我国耕犁的主流犁型。

阅读链接

陆龟蒙以其所著《耒耜经》，对唐代曲辕犁的推广做出了巨大贡献。他曾经隐居生活在故乡松江甫里，就是现在的江苏吴县东南角直镇。

甫里地势低洼，常受洪涝之害。在这种情况下，陆龟蒙身扛畚箕，手执铁锸，带领帮工，抗洪救灾，保护庄稼免遭水害。他还亲自参加大田劳动，中耕锄草从不间断。

平日稍有闲暇，便带着茶壶、文具等往来于江湖之上，当时人又称他为"江湖散人""天随子"。他也把自己比作古代隐士涪翁、渔父、江上丈人。

宋元明清时期的农具

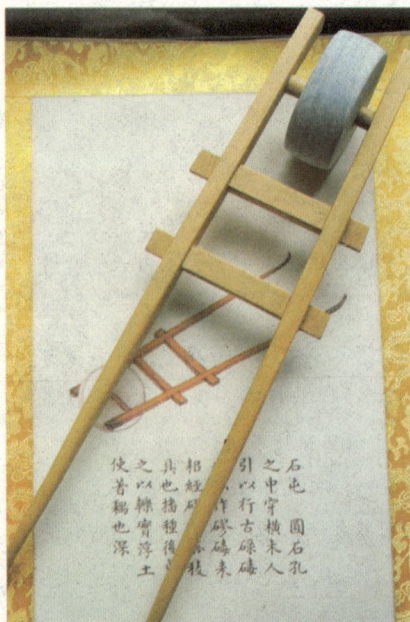

宋元时期，农业生产又发展到了一个新的水平。在这一时期，由于稻田的兴起，以秧马为代表的水田农具大量出现；北方旱地农具随着旱地耕作技术体系的成熟也已基本定型。

与此同时，还出现了一些利用动力创新的农具，有效利用了自然资源。

明清时期的农具基本上继承了宋元形制，没有太大的突破，但是在耕犁方面有所改进，是比较突出的进步。

■ 清代农具模型石屯

古代农具秧马

宋元时期，随着经济重心的南移，稻作的勃兴，一大批与稻作有关的农具相继出现。这时最突出的农业贡献是出现了秧马、秧船等与水稻移栽有关的农具。

秧马是我国古代劳动人民发明的一种可以有效减轻劳动强度的农具，专门为水稻移栽而设计制造出来的农具，在泥地里乘坐秧马可以提高行进速度，减轻劳动强度，起到劳动保护的作用。

秧马是种植水稻时，用于插秧和拔秧的工具，北宋时开始大量使用。秧马外形似小船，操作者坐在船背。秧马头尾翘起，背面像瓦，一般是由枣木或榆木制成，背部用楸木或桐木制作。

秧马可能是由农家的4足马凳改进而来。马凳是在一块长方木板上装上4条腿而做成的小木凳，是农家使用十分普遍的小家具，平日随时随地可以坐在上面休息或从事某些活动。

在稻田作业中，拔秧者的劳动姿势以蹲和躬腰为主，一次躬腰或下蹲可以拔下一定范围的秧苗，然后再向前移动一定距离继续拔秧。这样可以在一个固定地点停顿若干时间的劳动方式，就像人们把家中的马凳拿到田里来，坐在凳上拔秧。

实践使人们认识到，这样的4足凳在秧田里并不适用，田里的稀泥

■ 宋代农具青铜犁

种植细说

古代栽培与古代园艺

泥橇 在泥路上行走时所乘之具。泥橇是一块前端翘起的木板，形状狭长，中间有扶手，渔民都在扶手前面放一块长形小木板，装鱼的塑料筐就放在上面。这个神奇的工具据说是由明代的戚继光发明的。

会把小凳的4足陷下去。但如果在4足下放一块木板，小凳既不容易下陷，而且还可以拉着木板很轻便地在泥水中移动。

以后，人们又按照古人在泥地里乘坐泥橇前行的办法，将木板做成两端上翘的形状，于是一种底部带滑橇的秧凳就产生了。

因为这种凳有4条腿，像马，所以人们常常形象地叫它"马凳"。将其拿到秧田里来用，人们很自然地把它叫作"秧马"。

秧船也是在稻田作业中产生的。拔秧和插秧都要在秧田中劳动，而且插秧比拔秧更辛苦，既然拔秧可以坐着进行，那么插秧是否也可以坐着进行。这是很自然的联想，于是人们就试着坐在拔秧凳上插秧。

试验结果表明，这种秧凳虽然也可用于插秧，但有很多不便：因拔秧是前进运动，拔秧者拔过面前的一片秧之后，只要用手将秧凳前端稍稍抬高，并拉着向前一滑，就可以前进一段距离继续拔秧。

插秧是后退运动，后退时将秧凳后端抬高并向后拉就很不方便，但是，如果将滑橇做得长一些，人坐的靠前一些，滑橇的后端就会自然抬高。

插秧人只要双足向前一蹬，滑橇就会向后一滑。但这样的凳式秧马滑橇仍然会陷入泥水中，增加了滑动的困难。人们又想到了船，于是，一种结合船和秧马共同特点的秧船就产生了。

秧船与秧马相比，出现了一些变化：一是有了侧板，拔秧者不需要再用两腿作为打洗秧根的工具，在侧板上打洗即可；二是前端有了存放捆秧稻草的地方，不用拔秧人再将稻草挂在腰间或脖子上；三是后端有了存放秧苗之处，拔出并捆好的秧苗不用再零散地扔在水里。

但是，秧船比秧马形体大了许多，制作也复杂了许多，所以有些人仍继续使用凳式秧马拔秧，于是两种秧马就并存了下来。凳式秧马只用于拔秧，船式秧马则插秧、拔秧皆可用。

可以说，宋元时期是水田中耕农具的完善时期，除了秧马和秧船，还出现了不少与水田中耕有关的农具，如耘爪、耘荡、薅鼓、田漏等。

与此同时，一些原有的农具由于水稻生产的需要，得到了进一步的推广运用。传统南方水田稻作农具至此已基本出现，并配套定型。

宋元时期，旱地农具的发展主要是在原有农具上的改进，并进一步完善。其中最有典型意义的有犁刀、耧锄、下粪耧种、砘车、推镰、麦笼、麦钐和麦绰等。

以耧车为例，它原本是汉代出现的一种畜力条播农具，宋元时期，人们对这种旱地农具进行了改进，发展出耧锄和下粪耧种两种新

宋代铁矿锄

杜预 （公元222年—公元285年），字元凯，京兆杜陵（今陕西西安东南）人。西晋时期著名的政治家、军事家和学者，灭吴统一战争的统帅之一。博学多才，多有建树，被誉为"杜武库"。著有《春秋左氏经传集解》及《春秋释例》等。

的畜力农具。

元代农学家王祯所著《农书》中的《农器图谱》是关于传统农具集大成的著作，在其所载的100多种农具中，除有些是沿袭或存录前代的农具之外，大部分是宋元时期使用、新创或经改良过的。

在利用自然资源进行动力创新方面，宋元时期对水力的运用表现得最为突出，出现了水转翻车、高转筒车、水轮三事、水转连磨等工具，这些都是用水为动力来推动的灌溉工具和加工工具。

水转翻车据《王祯农书》记载，其结构同于脚踏翻车，但必须安装在流水岸边。水转翻车，无需人力畜力，可以用水力代替人力。

水轮三事是王祯创制的。他在普通水磨的基础上，通过改变它的轴首装置，使它兼有磨面、砻稻、碾米3种功用。

水轮三事的结构组成为：一个由水力驱动的立式大水轮，在延长的水轮轴上装上一列凸轮或拨杆和一

■ 宋元时期的水车连磨

个立轮，凸轮或拨杆拨动碓杆末端，使碓上下往复摆动，即可使舂米或谷物脱壳。立轮同时驱动一个平轮和一个立轮，平轮所在轴上装有磨，用以磨面。立轮所在轴上装有水车，用以取水灌溉。

水转连磨在宋元时期被广泛运用。它是由水轮驱动的粮食加工机械，为晋代的杜预创制。它的原动轮是一具大型卧室水轮，水轮的长轴上有3个齿轮，各联动3台石磨，共9台石磨。也有一具水轮驱动两台石磨的，称为连二水磨。

■ 元代水磨模型

与水转翻车等利用水能的农具差不多同时创制的还有风转翻车。最早记载见于元初任仁发《水利集》，集中提到浙西治水有"水车、风车、手戽、桔槔等器"。

其中的"风车"无疑是指风转水车，而非加工谷物的风扇车。风力在这一时期也用于谷物加工。

元朝大臣耶律楚材就曾有"冲风磨旧麦，悬碓杵新粳"的诗句，描写出当地农业稻、麦丰收的繁荣景象，说明元代东南和西北地区都已利用风力作为动力了。

宋元时期，是我国水田、旱田农具基本配套定型的时期。及至后来的明清时期，农具基本上继承了宋元形制，没有太大的突破，只是在农具质量有了一些

任仁发（公元1254年—公元1327年），字子明，一字子垚，号月山，松江（今上海市）人。元代官员、水利家、画家。画作有《出圉图》《二马图》等。他还是一位水利专家，曾先后主持修治浙西吴松江、大都通惠河等工程，并有水利工程著作传世，在我国水利史上做出过有益的贡献。

元代水排模型

改良。

　　明代的传统农业阶段与前代相比，进步是十分明显的。当时人口和耕地有了较大幅度的增长，水利建设更受重视，耕作技术有所改进，商品性农业空前发展，经营模式有所转变，这一切说明传统农业在明代仍是富有活力的，其发展潜力还很大。

　　明代人口总数到万历后期已达到1.5亿以上。在较高的人地比例的压力下，人们更加追求集约经营，不断探索提高粮食单位面积产量的技术和方法。由于铁的冶炼技术有所提高，明代农具的质量得到改良。

　　明清时期的耕犁改用铁辕，省去犁箭，犁身结构简化，耕犁更加坚固耐用，既延长了使用时间，又节约了生产成本，是一种进步。

阅读链接

　　北宋文豪苏轼途经江西庐陵，见农夫在田中插秧时的艰难情状，就回忆起以前在武昌见农夫用秧马在稻田劳作的情形，于是便从《史记》《唐书》等古代典籍中寻求类似秧马的发明原理，进一步了解和熟悉这一农具，又作《秧马歌》教庐陵人也使用这种水田农具。

　　事实上，当时苏轼身遭贬谪，尚在路途之中，前途未卜，不知所终，但还想着为农民做好事，为推广秧马的使用，可以说殚精竭虑。这样的人堪称楷模，令人赞叹。

园艺就是园地栽培。在古代，果树、蔬菜和花卉的种植常局限于小范围的园地之内，与大田农业生产有别，故称为园艺。

园艺作物主要有果树、蔬菜和观赏植物三大类。因此，我国古代园艺可相应地分为果树园艺、蔬菜园艺和观赏园艺。

园艺业是农业种植业的组成部分。我国古代在果树繁殖、蔬菜栽培、名贵花卉的培育和栽培技术，及在园艺事业上与各国的广泛交流等方面卓有成就，对丰富人类的精神生活，改造人类生存环境做出了重要贡献。

古苑栽培

古代园艺

我国古代园艺发展

先秦时期，最初农艺和园艺尚无明显分工，周代园圃开始作为独立经营部门出现，当时园圃内种植的作物已有蔬菜、瓜果和经济林木等。

秦汉时期，通过丝绸之路，一些园艺作物如桃、杏等被传至西方；同时也从外国引进了大蒜、黄瓜、葡萄、石榴、核桃等作物。

南北朝时期在果树的繁殖和栽培技术上有不少创造发明。唐宋以后，园艺事业有了很大发展，新品种逐渐增多，中外交往更加频繁。

■ 古画中的园林景观

园艺业是农业中较早兴起的产业。在远古年代，人们为了生存而采集野生植物，最早被采集的是野生的蔬菜植物，因为这类植物可食时间长，有的食叶，有的食根或嫩茎。由采集到栽培，首先也是这些植物。

在我国的黄河流域，神农氏时期我们的先民已开始引种驯化芸薹属植物白菜、芥菜，栽培桃、李、橘柑等果树以及禾谷类粮食作物。

新石器时期遗址，西安半坡原始村落中发现的菜籽，距今已有7000多年。浙江河姆渡新石器时期遗址中，发掘出7000年前的盆栽陶片，上面有清晰的花卉图案。

考古发掘还证明，公元前5000年至公元前3000年以前，我国已有了种植蔬菜的石制农具。

在成书于春秋时期的诗歌总集《诗经》中，记载了多种蔬菜、果树和观赏园艺植物，如葫芦、韭菜、山药、枣、桃、橙、枳、李、梅、猕猴桃、菊、杜鹃、竹、芍药、山茶等。当时的先民已讲究园艺植物

■《春山清霁图》中描绘的园林景观

株距 在播种植物时，要保持一定的行距和株距，使植物受到充足的阳光照射，使流动的空气送进农田的各个角落。每一种植物要求的株距是不同的，主要依每种植物对阳光及养分的吸收程度而定。《齐民要术》中提到种植作物要"正其行，通其风"就是这个道理。

嫁接技术 嫁接是植物的人工营养繁殖方法之一。即把一种植物的枝或芽，嫁接到另一种植物的茎或根上，使接在一起的两个部分长成一个完整的植株。接上去的枝或芽，叫接穗，被接的植物体，叫砧木或台木。接穗嫁接后成为植物体的上部或顶部；砧木嫁接后成为植物体的根系部分。

温室栽培 园艺作物的一种栽培方法。温室栽培就是用保暖、加湿、透光等设备，如冷床、温床、温室等，运用相应的技术措施，帮助喜温植物御寒、御冬或促使其生长和提前开花结果等。这一技术在低温严寒的北方从古代就得到了普及。

■ 古书《本草纲目》

播种前的选种、播种的株距和行距，已使役牲畜。

长时期以来，人们把蔬菜和果树或与粮食混种在一起，或种在大田疆畔、住宅四周。到了周代，已经出现了不同于大田的园圃，就是种植果木菜蔬的园地。

周代园圃的形成有两条途径：其一是从囿中分化出来。囿是我国古代供帝王贵族进行狩猎、游乐的园林，就是把一定范围的土地圈围起来，保护和繁殖其中的草木鸟兽，这就是囿。在囿中的一定地段，还种植某些蔬菜果树等。其二是从农田中分化出来。如西周有些耕地春夏种菜蔬，秋收后修筑坚实作晒场。

战国时期，园艺业发展很快，已出现大面积的梨、橘、枣、姜、韭菜种植园，说明当时我国已有温室栽培和嫁接技术。

秦汉园艺业有很大发展。《汉书》记载了太官在冬天于室内种葱、韭等蔬菜，说明温室培养在我国由来已久。其中的太官葱尤为著名，是太官上供之物。

明代李时珍《本草纲目·菜一·葱》："冬葱即慈葱，或名太官葱。"太官葱的茎柔细而香，可以越冬。

我国和西方国家之间的交流，最早当数汉武帝时张骞出使西域。张骞由"丝绸之路"给西亚和欧洲带去了我国的桃、梅、杏、茶、芥菜、萝卜、甜瓜、白

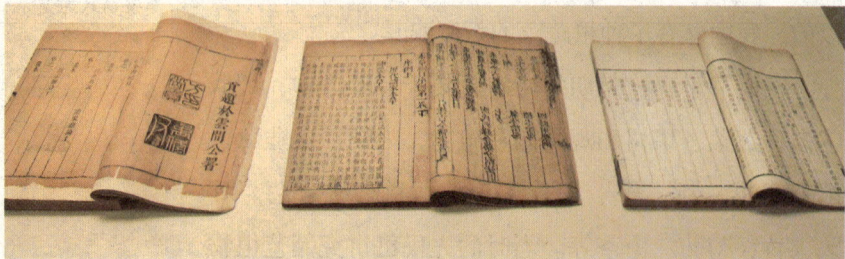

菜、百合等作物，大大丰富了那些地区园艺植物的种质资源。

也给我国带回了葡萄、无花果、苹果、石榴、黄瓜、西瓜、芹菜等作物，丰富了我国园艺植物的资源，此后海路也打通了交流的渠道。

南北朝时期的园艺，比较突出的是在果树的繁殖和栽培技术上有不少创造发明，在嫁接繁殖、果树疏花、修剪，以及防治虫害等方面取得了新的成就。《齐民要术》中就详细论述了果树繁殖、栽植、管理及虫害防治等技术。

南北朝时期的大部分果树采用分株、压条和扦插的方法繁殖。这一时期嫁接繁殖技术也已达到相当高的水平，可称为1400多年前古代农业技术发展上的一大成就。

当时已知嫁接繁殖可以保持品种的优良特性和提早结果，并知道宜从壮树上选取向阳的枝条充作接穗，用作接穗的枝条部位不同，可影响嫁接苗长成后的树形和结果年龄的早迟。嫁接时间则以枝条萌发时为宜。

对于具体操作方法，当时已注意到嫁接必须密接，接后要封土，保持湿润，以利于成活。后来又进一步认识到嫁接的亲和力取决于两树间的亲缘关系。

在果树疏花、修剪、防治虫害等方面，南北朝时期也积累了许多可贵的经验。如已注意到果树开花过多与坐果率之间存在矛盾。对枣

环状剥皮 为了证明只有木质部才有输水作用而进行的方法。即把树干形成层外侧的部分作环状剥下，只留下木质部，来自根水分的上升未被阻碍，因而也未发生萎蔫。这个方法也被用于研究成花激素等微量物质的移动。

树采取了"以杖击其枝间，振去狂花"的措施，认为花繁则果实不成。

此外，还创造了用斧背击伤果树皮，阻碍养分分流下行，以提高坐果率的"嫁枣法"，可以说是后来疏果和环状剥皮技术的起源。

在果树防寒防冻方面，南北朝有冬季葡萄埋蔓，板栗幼苗"裹草"，以及熏烟防霜等方法。

唐宋时期，我国的园艺技术达到很高的水平，许多技术处于世界领先地位。观赏园艺发展迅速，出现了很多如牡丹、芍药、梅和菊花等名贵品种。

唐宋园艺出现了造诣很深的理论著作。如宋代茶学专家蔡襄的《荔枝谱》，讲述荔枝的用途、栽培方法、贮藏加工方法、品种及特点等，全书内容较为翔实。

北宋刘攽的《芍药谱》中所记扬州芍药有31种，

■ 古画中的园艺美景

古画中的蔬菜

评为7等，每品均略叙花之形、色。据自序说，所记诸品，都让画工描画下来，可见原书还有附图。宋代词人王观在《扬州芍药谱》中，主要描写了扬州芍药的种类、栽培与欣赏。

北宋洛阳的花园类型园艺颇为壮观。比如在天王院花园中，既无池也无亭，独有牡丹10万株，牡丹花开时，花园的吸引力是非常大的，这种专供赏花而建的园林在我国古典园林中还是少见的。

再如归仁园，该园是洛阳城中一个花簇锦绣，植物配置种类繁多，以花木取胜的园子。但它与天王花园不同，天王花园是单一的牡丹园，花过即游园结束，而归仁园则是一年四季花期不断，真可以称为百花园了。

此外，还有李氏仁丰园，是名副其实的花园类型的园林，不仅洛阳的名花在李氏仁丰园中应有尽有，远方移植来的花卉等也有种植，总计在千种以上。说明在宋代，已用嫁接的技术来创造新的花木品种了，

蔡襄 （公元1012年—公元1067年），字君谟，原籍福建仙游枫亭乡东坑村。宋代官员，谥号"忠"。主持建造了我国现存年代最早的跨海梁式大石桥泉州洛阳桥。蔡襄的书法以其浑厚端庄，淳淡婉美，自成一体。书法史上论及宋代书法，素有"苏、黄、米、蔡"四大书法家的说法。

古画中的菊

种植细说

古代栽培与古代园艺

这在我国园艺史上是了不起的成就。

明清时期的园艺学专著更多，如清代弘皎的《菊谱》，共记百种菊，后附弘皎所编《菊表》，将百种菊列表评次，分二等六品，是诸多艺菊专著之一。

再如清代园艺学家陈淏子的《花镜》，是我国重要的园艺学古籍。书中讲述了各种花的种栽方法、用途等。《花镜》的问世，奠定了我国传统观赏园艺植物学的基础。

我国享有世界级"园艺大国"和"园林之母"的声誉，因为既有如上所述的悠久历史，也有其他国家难以比拟的极丰富的园艺植物种质资源。历史上我国许多园艺品种外传就是证明。例如：宽皮橘在12世纪由我国传至日本，后传遍世界各地。

阅读链接

西汉探险家、旅行家与外交家张骞，曾经两次出使西域，开通了促成东西方经济文化交流的交通线"丝绸之路"，促进了我国和西方的物质文化交流。

在互通有无的交流过程中，西域的植物特产如苜蓿、葡萄、石榴、胡麻（即芝麻）、胡豆（即蚕豆）、胡瓜（即黄瓜）、大蒜、胡萝卜等传到我国，丰富了我国古代作物的栽培内容，促进了古代园艺业的发展。

张骞出使西域，对我国古代文化艺术产生了积极的影响。他完全可称为我国走向世界的第一人。

我国古代果树园艺

果树是能提供可供食用的果实、种子的多年生植物及其砧木的总称。我国是世界果树起源中心之一，原产的果树种类繁多，栽培历史可以追溯到殷商时期，距今至少有3000年以上的历史。

我国古代在果树园艺方面取得了丰硕的成果，在建立果园、培育良种、栽培技术、果树管理，以及果实采收等方面，经验丰富，技术成熟，体现了我国古代劳动人民的勤劳和智慧。

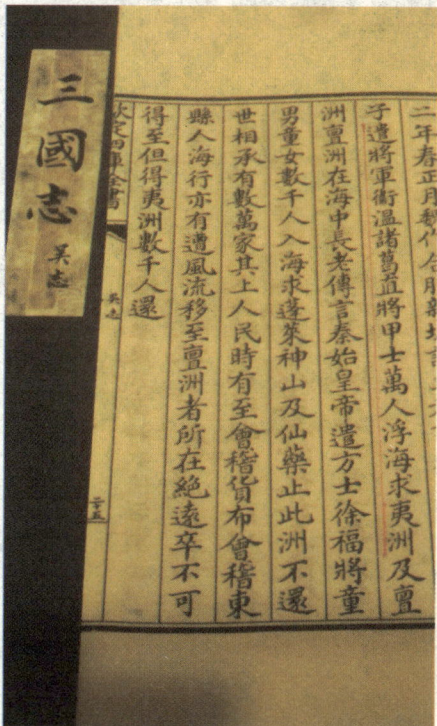

■ 记载果树栽培的《三国志》

赵之谦的写意花卉画

我国古代果园出现很早，在建园时除对果园进行一些保护措施外，还注意到了各方面的条件。

《诗经》中已有"园有桃""园有棘""折柳樊圃""无逾我园"等诗句。说明周代已有专门栽培果树的"园"和专门栽培蔬菜的"圃"，在圃的周围栽植柳树作藩篱，推测园的周围也可能有藩篱。

《三国志·魏书·郑浑传》中明确记载了果园的四周栽植榆树为绿篱。南北朝时，《齐民要术》中有专篇讨论果园绿篱的培植，其时用作绿篱的树种有酸枣、柳、榆等。

到了明代，用作果园绿篱的树种更多，除以上几种外，据《农政全书》记载，还有五加皮、金樱子、枸杞、花椒、栀子、桑、木槿、野蔷薇、构树、枸橘、杨树、皂荚等。

明代人们已注意到，林木可改变小气候，《农政全书》提出在果园的西、北两侧营造竹林可以遮挡北风，从而有利于减轻园中果树的冻害。

我国古人在建立果园时已注意到自然环境，做到适地适种。早在战国时，人们已对土壤进行观察与分类，《管子》中提出不同的土壤适宜栽培的果树种类各不相同；《周礼·地官》中已注意到，地势不同，所宜栽培的果树种类也各异。

南北朝时，人们更进一步地注意到合理利用土地，《齐民要术》中主张，不宜栽培大田作物的起伏不平的山岗地可用来栽培枣树。宋代的《避暑录话》中提到，在山坡栽培果树，应注意坡向，并应修成梯田。

古人在建园之初还考虑灌溉条件，《农政全书》提出可于园中适当地点凿池蓄水，既便于果树灌溉，也可兼营养鱼。凿池所起之土，可堆于园的西、北两边，筑成土阜，营造防护林。

在果树栽植技术方面，我国古代强调果树栽植距离应该因树种而异。例如李树的栽植距离，在汉代的《僮约》、南北朝时的《齐民要术》、清代的《齐民四术》等文献中，都提出具体意见和建议，总体来看是以"枝不相碍"为准。

古人已注意到，果树中有雌雄异株的树种，如银杏等。宋代的《琐碎录》中指出，这类树种，必须雌雄同种方能结实。

果树移栽的具体操作方法，在《齐民要术》中有较全面的论述，其后历代典籍中也时有述及。概括起

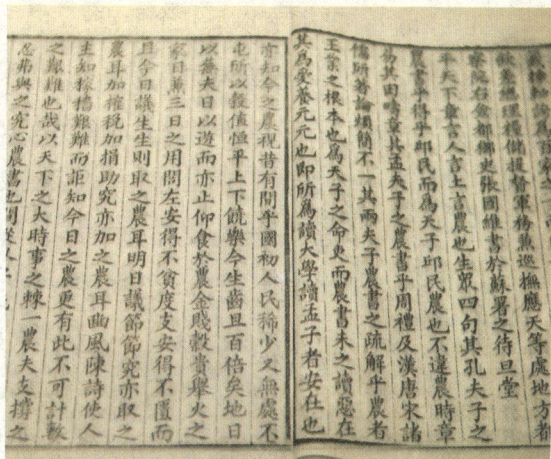

■ 徐光启的《农政全书》

绿篱 凡是由灌木或小乔木以近距离的株行距密植，栽成单行或双行，紧密结合的规则的种植形式，称为绿篱、植篱、生篱。因其可修剪成各种造型并能相互组合，从而提高了观赏效果。此外，绿篱还能起到遮盖不良视点、隔离防护、防尘防噪等作用。

常绿果树 树叶寿命较长，三五年不落叶的一类果树。主要分布在热带和亚热带。柑果类果树包括柑、橘、橙、柚等，这一类食用部分为内果皮囊瓣，果实大多耐储运。其他类包括荔枝、龙眼、枇杷、杨梅、椰子、芒果、油梨等。

■ 画家笔下的桃树

来，有以下几个要点：

一是栽植穴要适当挖得深宽一些；二是掘取苗木时应尽量多带原土；三是苗木放入栽植穴时，要保持原来的方向；四是苗木植入栽植穴时，要注意使根部舒展；五是覆土应使苗木的根与土壤密接，勿留空隙；六是适当修剪树苗木，以减少蒸发；七是覆土到最上面并保持土壤松软，以减少蒸发；八是栽好后，切勿再摇动树干，最好立支柱扶持，以防风吹摇动树干。

总之，要尽量避免使苗木受伤，则可保证移栽成活。古代有"移树无时，莫教树知"的谚语，是对树木移栽技术的形象概括。

果树移栽的时间，对落叶果树，汉代的《四民月令》说，宜在农历正月的上半月；《齐民要术》则认为，移栽最好的农历正月，二月也可以，三月最差，总的原则是宁早勿晚，并提出可以根据当地的农候，灵活掌握移栽的适期。例如枣树以在叶芽萌发如鸡嘴伏时移栽最适合，而常绿果树，则宜在天气转暖后移栽。

我国古代，在果园土壤管理、施肥、灌溉排水等方面，积累了一定的经验。

对于果园土壤管理，《齐民要术》中对黄河中下游栽培的

多种落叶果树的论述中反映，古代在果树栽植后，一般不耕翻土壤，但对中耕锄草却相当重视。对常绿果树也是这样。例如《避暑录话》中便主张柑橘园中要常年耘锄，令树下寸草不生。

元代的《农桑衣食撮要》中提到，农历正月果树发芽前，在树根旁深掘土，切断主根，勿伤须根，再覆土筑实，则结果肥大，称为"骗树"。

其后的典籍中也常有此记述，只是"骗"或写作"善"。方法有点像后来辽南果农在苹果栽培中应用的"放树窠子"。

画作中的桃树

对于果树施肥，《齐民要术》中提到，桃树施以腐熟的粪肥，可以增进桃果的风味。宋代的《橘录》说，橘树在冬、夏施肥，则"叶沃而实繁"。

明清时期的典籍如《竹屿山房杂部》《花镜》等对果园施肥有较全面的论述。指出在果树萌芽时不宜施肥，以免损伤新根；开花时不宜施肥，以免引起落花；坐果后宜施肥，以促进果实膨大；果实采收后宜施肥，以恢复树势；冬季应施肥，以供来年树体发育。

古代果园施用的肥料主要为有机质肥料，如大粪、猪粪、河泥、米泔等。

对于果树灌溉排水，古籍中这方面的论述虽不多，内容却比较切实。例如宋代的《橘录》中提到，干旱则橘树生长受碍，雨水过多则果

画家笔下的橘子园

种植细说

古代栽培与古代园艺

实开裂或风味淡薄。所以橘园应开排水沟以防雨涝，遇旱应及时浇灌，并且指出，可结合灌溉进行施肥。

明代的《群芳谱》则针对无花果的需水特性，提出要"置瓶其侧"，进行滴灌。清代的《广东新语》提出要在果树休眠期"通灌之，以俟其来春发育"。

清代的《水蜜桃谱》中指出，桃"喜干恶湿"，在多雨地区栽培，需开排水沟，以利排水。

果树的修剪整枝，虽然早在先秦文献中已有所反映，但如何对果树进行修剪整枝，史籍中却很少述及。

宋代的《橘录》中指出，应剪去过于繁盛而又不能开花结实的枝条以通风透光，以长新枝。

元代的《农桑衣食撮要》在农历正月的农事中，虽然专门列有"修诸色果木树"一项，可是，内容仅仅是剪去低小乱枝，以免耗费养分。

明代的《农政全书》中提到，果树宜在距离地面六七尺处截去主干，令其发生侧枝，使树型低矮，以便于采收；《便民图纂》提出葡萄要在夏季结果时修剪，使其"子得承雨露肥大"。

明清时期的文献中概括了几种应予剪去的枝条，即向下生长的"沥水条"，向里生长的"刺身条"，

休眠期 植物体或其器官在发育的过程中，生长和代谢出现暂时停顿的时期。通常是由内部生理原因决定的，种子、茎、芽都可处于休眠状态。对于一些植物，如马铃薯、大蒜，用人工方法延长其休眠期，则有利于贮存。此外还有动物休眠期等。

并列生长的"骈枝条"，杂乱生长的"冗杂条"，细长的"风枝"，以及枯朽的枝条等。

古代修枝多在落叶后的休眠期进行。所用工具视枝之大小而异，小枝用刀剪，大枝用斧。切忌用手折，以免伤皮损干。剪口应斜向下，以免枝条被雨水浸渍而腐烂。

对于果树的疏花疏果与保花保果技术，《齐民要术》中提出于枣树开花时，有用木棒敲击树枝，以振落"狂花"的做法。认为如果不这样做，则枣花过于繁盛，以致不能坐果。

其后历代典籍中也时有记载。后来在华北地区，枣树开花时仍有用竹竿击落一部分枣花的做法，群众称为"打狂花"，其实就是古法的延续。

《齐民要术·种枣篇》还说在农历正月初一，用斧背杂乱地敲打枣树树干。据说，不如此则枣开花而不结果。以后历代农书中也常提到用斧背敲打树干，可使韧皮部受到一定的损伤，使养分向下输送受阻，从而集中供给果实的生长发育。

对于果树的防冻防霜，古籍中记有多种多样的措施。例如《齐民要术》中记载，在黄河中

画中的桃树

古人文天祥手植的枣树

种植细说

古代栽培与古代园艺

下游栽培石榴，每年农历十月起，需用草缠裹树干，至次年二月除去；栽培板栗，幼龄时也要如此；栽培葡萄，每年农历十月至次年二月间，采用埋蔓防寒。

宋代的《松漠纪闻》载，有在高纬度的寒冷地区，栽培桃、李等果树，创造了埋土防冻的人工匍匐形栽培法。

史籍中记载的果园防霜的方法主要是熏烟，其次覆盖。熏烟法最早见于《齐民要术》，其后历代典籍中也有涉及。

在江苏太湖洞庭东西山栽培柑橘，冬季极寒时，也要应用熏烟以防霜雪。荔枝的耐寒性次于柑橘，尤其是幼龄时，根系入土尚不深，更易罹霜害，所以宋代蔡襄在《荔枝谱》中指出，幼龄荔枝在极寒时要覆盖或熏烟以防寒。

杏是一年中开花最早的果树，特别易罹晚霜为害，因此，唐代《四时纂要》、明代《群芳谱》等不少典籍都提到，杏园在花期要注意及时应用熏烟以防霜害。

对于果树的病虫害防治，古籍中也记有多种方法。《齐民要术》指出，冬季可以用火燎杀附着于果树枝干上的虫卵、虫蛹。

唐代《酉阳杂俎》中记有人工钩杀蛀蚀果树枝干的天牛类害虫的事例；《橘录》介绍了用杉木做木钉，用来堵塞虫的方法。

宋及宋以后的典籍中则提出，可用硫磺或中草药，如芫花或百部叶等塞入虫孔中杀虫。有的古籍还提到地衣着生在柑橘树干，会夺去柑橘枝叶上的养分，要及时用铁器刮除。

《南方草木状》和《酉阳杂俎》等文献中记有华南一带的柑橘园中放养黄猄蚁以防治虫害的方法。这是我国也是世界上生物防治虫害的最早记载。

到了清代，这种黄猄蚁也被用来防治荔枝的虫害。当时广东省一些地区的果园中在放养黄猄蚁时，还用藤、竹为材料，在树间架设蚁桥，以利蚁群往来活动，消灭害虫，市场上也有整窝的黄猄蚁出卖。

古代果实的采收标准依果树的种类不同而异。例如枣，宜在果皮全部转红时采收。过早采收者，因果肉尚未生长充实，晒制成干枣，皮色黄而皱；果皮全部转红而不收，则果皮变硬。

再如君迁子，按《齐民要术》记载，宜在经霜后，果皮变为赤黑色时采收；过早采收，则味涩，不

古苑栽培

古代园艺

花期 指植物每年开花的季节或月份。当花的各部分发育成熟时，从花朵开放，雌、雄蕊从花被中暴露出来，到完成传粉和受精作用，直至花朵凋谢。开花期要求适宜的温度和充足的阳光，低温和阴雨等不良条件，均会影响开花、传粉和受精，造成落花、落果和空秕粒。

■ 贾思勰种植的梨树

堪食用。

又如柑橘，据《橘录》记载，在重阳节时，果皮尚青，为求得善价，固然可以采收，但若要味美，应以降轻霜后再采收为宜。

虽然果实的采摘标准因果树的种类而异，不过古人也曾概括了一条总的原则，即：果实应及时采收，过熟不收，则有伤树势，影响来年的结果。

果实的具体采收方法，也是依果树的种类而异。例如枣，用摇落的方法；柑橘，用小剪，苹果剪蒂下果；对树型高大的橄榄，典籍中曾提到可用盐擦树干，或在根部凿洞，纳入食盐，可令其果实自落。

阅读链接

白果又名银杏，它有一个美丽的传说。

很久以前，一个在山上砍柴的青年人白郎，有一次蹲在一棵小树下躲雨，后来把树移栽在所居洞前，悉心育护。

哪知这棵树原是山神的女儿，叫果仙。因感于白郎的悉心照料，就和白郎结为夫妻。

山神禁闭女儿，赶走白郎，结果白郎忧愤而终。此时的果仙千年怀胎，一朝分娩。谁知婴儿落地生根，继而长成碧树。果仙给孩子取名白果。

白果树长大，年年硕果累累，供人们饥为食，渴为饮，病为药。白果遂名传天下。

我国古代蔬菜园艺

　　蔬菜植物的范围很广，凡是一二年生及多年生的草本植物，以其多汁产品器官作为副食品的，均可被列为蔬菜植物。有些木本植物、藻类和真菌等，也可作为蔬菜食用。

　　我国蔬菜栽培的历史可以追溯到6000年前的仰韶文化时期，几千年来在蔬菜栽培技术方面积累有丰富的经验。大田作物的一套传统的精耕细作方法，有不少是首先在蔬菜栽培中创造出来的。

博物馆收藏的蔬菜古画

种植细说

古代栽培与古代园艺

■ 收获的大蒜

压青 将绿肥作物刈割后直接翻埋于果园内的技术措施，俗称压绿肥。夏季刈割园外杂草，收集嫩枝、绿叶，铡碎后翻埋于园内，也属压青。其目的在于增加土壤有机质，改良土壤结构，培肥地力，是果园直接利用绿肥的途径之一。

我国古代的蔬菜园艺，在南北朝及之前，就已经积累了丰富的经验。北魏《齐民要术》中有15篇专门记述蔬菜栽培技术的文章，介绍了6世纪以前黄河中下游地区栽培的30多种蔬菜，对从选地到收获、贮藏、加工的过程作了较全面的论述。

在土壤选择与耕作方面，古人在栽培蔬菜时十分注意土壤的选择，一般均选用较肥沃的土壤。如种大头芥要选择"良地"，种香菜宜选用"黑软青沙地"，种大蒜宜选"软地"等。

菜地要求熟耕。如种香菜要3遍熟耕；种姜要多次熟耕，最好纵横耕7遍等。耕菜地要根据具体情况灵活掌握，比如当香菜连作时，如果前茬地肥沃而又不板结的话，就可不加耕翻，以节省劳力。

《齐民要术》中强调，分畦种菜可以合理地利用土地，菜的产量也高；便于浇水和田间操作，避免人足践踏菜地。菜畦的大小一般是长2米，宽1米。栽培韭菜的畦一定要做得深，因为韭菜每采收一茬都要加粪。

蔬菜一般生长期较短，需肥量较大，菜地一定要施用基肥。基肥通常用大粪，或先于菜地播种绿豆，至适当的时候进行压青，充作基肥。播种后还常施用盖子粪，即在播种完毕时，随即用腐熟的大粪对半和土，或纯粹用熟粪覆盖菜籽。

此外，播种前依蔬菜的种类不同进行不同的种子处理。对某些蔬菜的种子，如葵、香菜等，强调在播种前需予以曝晒，否则长出来的菜"疥而不肥"。

早在西汉时，人们就已知道应用打杈、摘心等方法控制单株结实数，以培养大的果实。到南北朝时，进一步认识到甜瓜是雌雄异花植物，雌花都著生在侧蔓上，栽培中应设法促生侧蔓，以便多结果。

对于蔬菜病虫害防治方法，《齐民要术》中也提到一些。比如种植甜瓜时，适当安排播种期以避免虫害，在地中置放有骨髓的牛羊骨以诱杀害虫等。

蔬菜的采收标准因种类而异。叶菜类一般都是整株采收；或掐头采收，留下根株继续生长。大蒜头应在叶发黄时采收，否则易炸瓣。

西汉的文献中已有窖藏芋的记载，只是未提窖的具体筑法。《齐民要术》中有较详细的记载：农历九十月间，选择向阳处挖四五尺深的坑，将菜放入坑中，一层菜一层土，放至距离地面一尺处。最上面

初春菜地

用谷草厚厚地覆盖，此法相当于现在的埋藏法。

先秦文献中已有各种盐渍蔬菜的记载，到汉代时，《四民月令》中提到酱菜的加工。《齐民要术》总结以前的蔬菜加工方法，记载有盐渍、蜜渍等。

总之，南北朝及其以前时期，蔬菜的栽培技术已十分丰富而细致。南北朝以后，我国的蔬菜栽培技术有了新的发展。

比如育苗移栽技术，元代人们栽培瓜类、茄子、芋、莴苣、芥菜等都采用育苗移栽。元代已注意到瓜类和茄子是喜温蔬菜，种子萌发要求较高的温度，在气温尚低的农历正月，必须设法创造一个温度较高的环境进行催芽，才能使其萌芽。

当时系采用瓦盆或桶盛粪秽，待其发热，将瓜类、茄子的种子插入，经常浇水，白天置于向阳处，夜里置于灶边等种子发芽后，种于肥沃的苗床中。适时用稀薄的粪土浇灌，并搭矮棚遮护。待瓜茄苗长到

■ 古代菜地

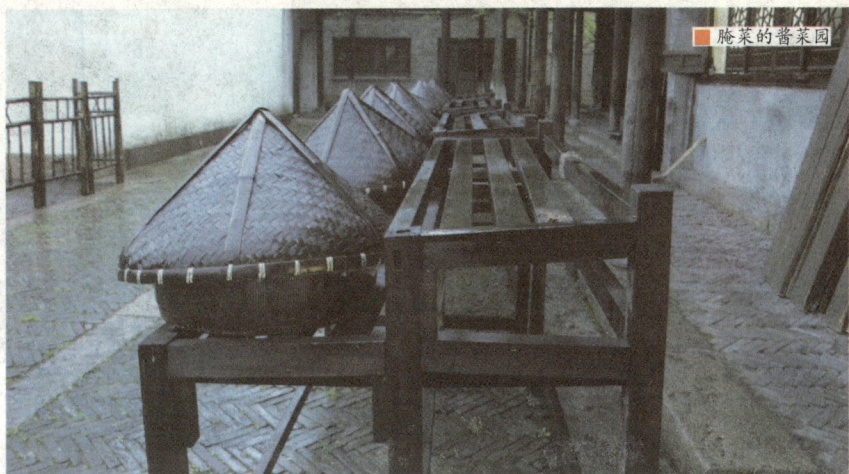
腌菜的酱菜园

适当大小时，带土移栽至本田。

这种方法相当于现在的冷床育苗。而利用粪秽发热催芽，又与现在利用温床育苗的道理是一致的。可见当时已知道粪秽发酵能产生相当高的热量，必须等发酵高峰过去后，才能用来给喜温的蔬菜催芽。

清代后期，已把育苗移栽视为栽培某些蔬菜的必要措施。如：栽培结球甘蓝，就必须进行育苗移栽才能确保包心。这时在一些地区还出现了专营培养菜苗出售的菜农。

清代文献中出现"苗地"这一名称。当时对早春培育辣椒的苗地有严格的要求：苗地要选择高燥肥沃之地，预先施以基肥，并精细整治。播种之后，苗地上要搭矮棚遮护雨雪，防寒保暖。幼苗出土后，遇天气晴朗，白天应揭去棚顶，使幼苗见日光。

到惊蛰后，将瓜类或茄果类蔬菜的种子用水泡涨后密播于最先挖的堂子中，覆以谷壳，再盖以草荐。草荐是用干枯的谷秆编织成的床垫。发芽后，天气晴朗时，白天揭去草荐，夜晚用草荐盖好。

待子叶展开后，按一定的株距行距每两株相并，移至第二次挖的堂子中。经十余日长出两片真叶后，按1寸左右的株距行距移至第三次挖的堂子中。如此经数次移栽，到天气转暖时，定植至本田。其时堂

房屋前的菜园

子中的甘薯藤、稻草、牛粪等已腐熟，可用来做肥料。

软化栽培技术也是我国古代的一项蔬菜园艺。比如韭黄的生产，北宋时已出现，元代农学家王祯在《农书》首次记载了培养韭黄的方法：冬季，将韭根移至地窖中，用马粪壅培，即可使其长1尺多高。并且正确地指出，由于不见风日，所以长出来的叶子黄嫩，因此名之为"韭黄"。

我国农业素有集约栽培的传统。早在西汉时，就有在甜瓜地里间作空心菜和小豆的做法。发展到清代，间套作更加细致，已经将蔬菜与大田作物及经济作物间套种，达到在一块地里两年可以收获13次。

阅读链接

王祯的《农书》中记有香菇的栽培方法：选择适宜的树种，如枸树等，伐倒，用斧斫成坎，用土覆压。等树腐朽后，取香菇剉碎，均匀地撒入坎中，用蒿叶及土覆盖。经常浇以米泔水。隔一段时间用棒敲打树干，称为"惊蕈"，不久就可以长出香菇。

清代在广东及江西的一些地方常栽培喜温性真菌草菇，系以稻草为培养料栽培的。在湖南的一些地方则用苎麻秆及粗皮为培养为栽培，当地称为"麻菇"。

我国古代花卉园艺

花卉泛指一切可供观赏的植物。包括它的花、果、叶、茎、根等，通常以花朵为主要观赏对象。从一般意义上讲，花卉代表了一切草木之花。

我国古代花卉园艺起源很早，先秦时期已经出现了具有观赏价值的人工园林。我国的花卉资源丰富，经过长时间的引种和国内外交流，积累了很多花卉园艺经验。

■ 花园内的花卉景观

汉代花园景观

上林苑 是汉武帝刘彻于公元前138年在秦代的一个旧苑址上扩建而成的宫苑,规模宏伟,宫室众多,有多种功能和游乐内容。今已无存。当时的上林苑既有优美的自然景物,又有华美的宫室组群分布其中,是包罗多种多样生活内容的园林总体,是秦汉时期建筑宫苑的典型。

我国独立的花卉园艺是从混合的园囿中分化出来的。殷商甲骨文中已有"园""圃""囿"等字。商周时期的园圃是栽培果蔬的场所,所栽果木如梅、桃等也兼有很好的观赏价值。当时的囿和苑都是人工圈定的园林,有垣称囿,无垣为苑。

汉代,汉武帝利用旧时秦的上林苑,加以增广,"周袤数百里",南北各方竞献名果异树,移植其中,多达2000余种,有名称记载的约100种,建成了我国历史上第一个大规模的植物园,在我国花卉栽培史上有较大影响。

汉代已经有了盆栽花技术。考古工作者从河北望都一号东汉墓中发现墓室内壁有盆栽花的壁画,表明盆栽花至迟在东汉时已流行。

从花卉本身的演变看,许多花卉原先本是食用、药用的植物，人们喜爱其花朵，遂逐渐转变成专供观赏的花卉，或者食用、药用兼顾，如白菊花、芍药、荷兰等。但是，更多的是发展成为专门的观赏花卉，如我国独特的牡丹、兰花、菊、腊梅、月季、茶花等，它们是观赏花卉的主流。

自从有了园圃和苑囿，便从农业生产中分化出专门从事栽植观赏植物的劳动者。这些人世代经营，经验日益丰富，并逐渐形成了专业的花卉种植户"花农"和供应花卉的"花市"。

隋唐时期，花卉业大兴，唐王室宫苑赏花之风盛行。长安城郊已有专业的花农，花市上出售的花木有牡丹、芍药、樱桃、杜鹃、紫藤等。

长安城春季有"移春槛"活动。即将名花异卉植于槛内，以木板做底，在木板下安装木轮，使人牵之行进，所到之处，鲜花就在眼前，赏心悦目。

还有"斗花"之举。富家豪商不惜千金购名花植于庭院中，以备春来斗花取胜。这些赏花游乐活动，推动了花卉种植的发展，长安几乎成了四季花发的都城。

■ 大唐芙蓉园内的景观

■ 沈阳故宫内的花园景观

欧阳修 （公元1007年—公元1072年），字永叔，号醉翁，晚号"六一居士"，吉州永丰（今江西永丰）人。北宋卓越的政治家、文学家、史学家，谥号"文忠"。"唐宋八大家"之一，后人将其与韩愈、柳宗元和苏轼合称"千古文章四大家"。曾编纂《新五代史》74卷。

宋元时期，花卉的观赏从上层人士向民间普及。据北宋文学家欧阳修的《洛阳牡丹记》记载：

> 洛阳之俗，大抵好花。春时，城中无贵贱皆插花，虽负担者亦然。花开时，士庶竞为遨游。往往于古寺废宅有池台处为市，并张幄帟，笙歌之声相闻……至花落乃罢。

南宋临安以仲春十五日为花朝节，有赏芙蓉、开菊会等赏花活动。钱塘门外形成花卉种植基地，种艺怪松异桧，四时奇花，每日市于都城。民间纷纷栽种盆花，相互馈赠。

明清时期，随着商品经济的发展，更促进了花卉业的繁荣。清代京师丰台的花卉种植连畦接畛，挑担入市卖花者，日有万余。

华南气候比较温暖，更适宜花卉的发展，其花卉品类亦不同于北方，花卉专业和花市盛况绝不亚于北地。除了专业花农，还出现了中间商"花客"。

在花卉园艺的发展过程中，人们积累了丰富的经验，掌握了栽培、引种、繁殖，以及花卉管理等技术，在我国花卉园艺史上占有重要一页，书写了华美篇章。

我国古代花卉的栽培技术除了部分与大田作物相似外，更富有特殊之处。经过几千年的积累，都散见于各种零星文献中，直至清初的《花镜》才有了系统的整理叙述。

《花镜》卷二的"课花十八法"可说是集花卉栽培之大成。"十八法"的命名也充分反映花卉栽培的特点。即辨花性情、种植位置、接换神奇、分栽有时、扦插易生、移花转垛、过贴巧合、下种及期、收种贮籽、浇灌得宜、培壅可否、治诸虫蠹、枯树活树、变花催花、种盆取景、养花插瓶、整顿删科及花香耐久等法。

以辨花性情为例，《花镜》认为，在大自然里，花木是有生命力的，每一种花都有不同的习性。

■ 明清花园景观

古代栽培与古代园艺

嵇含 (公元262年—公元306年)，字君道，自号亳丘子，谯国铚县（今安徽濉溪）人。西晋时期的文学家及植物学家。著有《南方草木状》一书。嵇含的著名作品不多，包括了三首五言诗《登高》《悦晴》和《伉俪》。

比如：牡丹花喜阳光充足、干燥温凉、夏无高温、冬不甚寒之地；玫瑰喜阳光充足，耐寒、耐旱，喜排水良好、疏松肥沃的壤土或轻壤土；山茶花喜空气湿度大，不干燥，肥沃、疏松、微酸性的壤土或腐殖土等。

花卉的栽培、品类的变异和增加，与异地和异域不断引种有关。最早的大规模异地引种就是前述的汉武帝上林苑的例子。以后历代的引种，连绵不断。

晋代植物学家嵇含编撰的《南方草木状》，记载了生长在我国广东、广西等地以及越南的植物。其中的茉莉、素馨等即从波斯引入。

唐代尚书左仆射李德裕曾将南方的山茶、百叶木鞭蓉、紫桂、簇蝶、海石楠、俱那、四时杜鹃等花木引种在他的洛阳别墅平泉庄内，共有各地奇花异草70

■《武则天赏牡丹》剧照

余种。唐代大诗人白居易曾将苏州白莲引种于洛阳、庐山杜鹃引种于四川忠县。

牡丹原盛于洛阳，宋以后随着异地引种栽培，安徽亳州、山东曹州崛起成为著名牡丹的产地。菊花原产长江流域和中原一带，从元代起，渐向北方引种，直至边远地方也种植菊花。

花卉种植中利用无性繁殖较普遍。宋代词人王观的《扬州芍药谱》指出："凡花，大约三年或二年中一分。不分则旧根老硬，而侵蚀新芽，故花不成就。"但分株不可过于频繁，"不分与分之太数，皆花之病也"。

《花镜》指出："一切草木，分各按其时，栽能及其法，则长成捷于核种多矣。"分株的标准要看根上发起小条。对于大的树木移植，须剪除部分枝条，以减少水分蒸腾，并防风摇致死。

扦插的要点是"必遇阴天方可动手，如遇连雨，则有十分生机"。插时须"一半入土中，一半出土外。若扦蔷薇、木香、月季及诸色藤本花条，必在惊蛰前后"。

有关花木的嫁接技术至宋代才有记述，以后逐渐增加。欧阳修在《洛阳牡丹记》中叙述牡丹的砧木

■ 古画上的洛阳牡丹

白居易 （公元772年—公元846年），字乐天，晚年又号香山居士，河南新郑人。唐代伟大的现实主义诗人，我国文学史上负有盛名且影响深远的诗人和文学家。他的诗歌题材广泛，形式多样，语言平易通俗，有"诗魔"和"诗王"之称。代表诗作有《长恨歌》《琵琶行》等。

砧木 嫁接繁殖时承受接穗的植株。砧木可以是整株果树，也可以是树体的根段或枝段，起固着、支撑接穗并与接穗愈合后形成植株生长、结果。砧木是果树嫁接苗的基础。砧木对果树的开始结果时期、坐果率、产量、果实成熟期、色泽、品质以及贮藏能力等都有一定影响。

要在春天到山中寻取，先种于畦中，到秋季乃可嫁接。据说洛阳最名贵的品种"姚黄"一个接头可值钱万千，接头是在秋季买下，到春天开花才付钱。

嫁接的技术性很强，并非人人会接。北宋的周师厚在《洛阳花木记》中指出，在接花法中，砧木与接穗皮须相对，使其津脉相通。北宋水利学家沈立在《海棠记》中提到当时洛阳的接花工以海棠接于梨树可以提前开花。

清代有人以艾蒿为砧木，根接牡丹，使牡丹越接越佳，百种幻化，名冠一时。

对于花卉的种子繁殖，宋时已注意到长期进行无性繁殖的花木要改用有性的种子繁殖，因为自然杂交所结的种子，后代容易产生变异，再从中选择，便可获得新的品种。南宋诗人陆游在《天彭牡丹谱》中提到当时花户大抵多种花子，以观其变。

对种子繁殖的土壤肥料要求，正如《花镜》所说："地不厌高，土肥为上。锄不厌数，土松为良。"下种的时间因花卉而异。下种的天气宜晴，雨

■ 洛阳牡丹园

■ 牡丹亭下的牡丹花

天下种不易出芽，但晴天下种后三五日内最好有雨，无雨要浇水。果核排种时必以尖朝上，肥土盖之。细子下种，则要盖灰。

宋时苏州一带的花农已知道识别梅的果枝和徒长枝，采取整枝、摘心、疏蕾、剪除幼果等方法，使花朵开多开大。

《花镜》认为，对整枝的修剪方法要看花木的长相：枝向下垂者，当剪之。枝向里去者，当断之。有骈枝两相交者，当留一去一。枯朽的枝条，最能引蛀，当速去之。冗杂的枝条，最能碍花，当择细弱者去之。粗枝用锯，细枝用剪，截痕向下，才能防雨水沁入木心等。这些修剪方法，俱切实用。

治虫防虫是花卉栽培中必不可缺的环节。防治害虫的措施记载，初见于宋代，至明清而益完备。

《洛阳牡丹记》提到牡丹防虫的方法："种花必

陆游（公元1125年—公元1210年），字务观，号放翁，越州山阴（今浙江绍兴）人。南宋诗人。创作诗歌很多，今存9000多首，内容极为丰富。抒发政治抱负，反映人民疾苦，风格雄浑豪放；抒写日常生活，也多清新之作。著有《剑南诗稿》《渭南文集》《老学庵笔记》等。

《洛阳牡丹记》石刻

择善地，尽去旧土，以细土用白蔹末一斤和之。盖牡丹根甜，多引虫食，白蔹能杀虫，此种花之法也。"

还指出如果花开得小了，表明有蠹虫，要找到枝条上的小孔，"以大针点硫酸末针之。虫既死，花复盛"。可见宋时使用的治虫药物有白蔹、硫磺等，种类较少。

到明清时，药物种类大为增加。光是清代《花镜》中提及的植物性药物有大蒜、芫花、百部等，无机药物焰硝、硫磺、雄黄等。此外，还有物理方法如烟熏蛀孔、江蓠粘虫等。

阅读链接

文人爱梅花之说由来已久，清末文学家龚自珍则有更高的境界。他在《病梅馆记》中说：梅凭着弯曲的姿态被认为是美丽的，笔直了就没有风姿；凭着枝干倾斜被认为是美丽的，端正了就没有景致；凭着枝叶稀疏被认为是美丽的，茂密了就没有姿态。

龚自珍曾经买了300盆病梅，毁掉那些盆子，把梅全部种在地里，并以5年为限，使它们恢复本性。他还决意用一生的时光来治疗更多的病梅。当然，龚自珍是在托梅抒怀，表达自己追求个性解放的强烈愿望。

中华精神家园书系

建筑古蕴

壮丽皇宫：三大故宫的建筑壮景
宫殿怀古：古风犹存的历代华宫
古都遗韵：古都的厚重历史遗韵
千古都城：三大古都的千古传奇
王府胜景：北京著名王府的景致
府衙古影：古代府衙的历史遗风
古城底蕴：十大古城的历史风貌
古镇奇葩：物宝天华的古镇奇观
古村佳境：人杰地灵的千年古村
经典民居：精华浓缩的最美民居

古建风雅

皇家御苑：非凡胜景的皇家园林
非凡胜景：北京著名的皇家园林
园林精粹：苏州园林特色与名园
秀美园林：江南园林特色与名园
园林千姿：岭南园林特色与名园
雄丽之园：北方园林特色与名园
亭台情趣：迷人的典型精品古建
楼阁雅韵：神圣典雅的古建象征
三大名楼：文人雅士的汇聚之所
古建古风：中国古典建筑与标志

古建之魂

千年名刹：享誉中外的佛教寺院
天下四绝：佛教的海内四大名刹
皇家寺院：御赐美名的著名古刹
寺院奇观：独特文化底蕴的名刹
京城宝刹：北京内外八刹与三山
道观杰作：道教的十大著名宫观
古塔瑰宝：无上玄机的魅力古塔
宝塔珍品：巧夺天工的非常古塔
千古祭庙：历代帝王庙与名臣庙

文化遗迹

远古人类：中国最早猿人及遗址
原始文化：新石器时代文化遗址
王朝遗韵：历代都城与王城遗址
考古遗珍：中国的十大考古发现
陵墓遗存：古代陵墓与出土文物
石窟奇观：著名石窟与不朽艺术
石刻神工：古代石刻与文化艺术
岩画古韵：古代岩画与艺术特色
家居古风：古代建材与家居艺术
古道依稀：古代商贸通道与交通

古建涵蕴

天下祭坛：北京祭坛的绝妙密码
祭祀庙宇：香火旺盛的各地神庙
绵延祠庙：传奇神人的祭祀圣殿
至圣尊崇：文化浓厚的孔孟祭地
人间天宫：非凡造诣的妈祖庙宇
祠庙典范：最具人文特色的祭祠
绝代王陵：气势恢宏的帝王陵园
王陵雄风：空前绝后的地下城堡
大宅揽胜：宏大气派的大户宅第
古街韵味：古色古香的千年古街

物宝天华

青铜时代：青铜文化与艺术特色
玉石之国：玉器文化与艺术特色
陶器寻古：陶器文化与艺术特色
瓷器故乡：瓷器文化与艺术特色
金银生辉：金银文化与艺术特色
珐琅精工：珐琅器与文化之特色
琉璃古风：琉璃器与文化之特色
天然大漆：漆器文化与艺术特色
天然珍宝：珍珠宝石与艺术特色
天下奇石：赏石文化与艺术特色

古迹奇观

玉宇琼楼：分布全国的古建筑群
城楼古景：雄伟壮丽的古代城楼
历史开关：千年古城墙与古城门
长城纵览：古代浩大的防御工程
长城关隘：万里长城的著名关卡
雄关漫道：北方的著名古代关隘
千古要塞：南方的著名古代关隘
桥的国度：穿越古今的著名桥梁
古桥天姿：千姿百态的古桥艺术
水利古貌：古代水利工程与遗迹

山水灵性

母亲之河：黄河文明与历史渊源
中华巨龙：长江文明与历史渊源
江河之魂：著名江河的文化源流
水韵雅趣：湖泊泉瀑与历史文化
东岳西岳：泰山华山与历史文化
五岳名山：恒山衡山嵩山的文化
三山美名：三山美景与历史文化
佛教名山：佛教名山的文化流芳
道教名山：道教名山的文化流芳
天下奇山：名山奇迹与文化内涵

自然遗产

天地厚礼：中国的世界自然遗产
地理恩赐：地质蕴含之美与价值
绝美景色：国家综合自然风景区
地质奇观：国家自然地质风景区
无限美景：国家自然山水风景区
自然名胜：国家自然名胜风景区
天然生态：国家综合自然保护区
动物乐园：国家动物自然保护区
植物王国：国家保护的野生植物
森林景观：国家森林公园大博览

西部沃土

古朴秦川：三秦文化特色与形态
龙兴之地：汉水文化特色与形态
塞外江南：陇右文化特色与形态
人类敦煌：敦煌文化特色与形态
巴山风情：巴渝文化特色与形态
天府之国：蜀文化的特色与形态
黔风贵韵：黔贵文化特色与形态
七彩云南：滇云文化特色与形态
八桂山水：八桂文化特色与形态
草原牧歌：草原文化特色与形态

东部风情

燕赵悲歌：燕赵文化特色与形态
齐鲁儒风：齐鲁文化特色与形态
吴越人家：吴越文化特色与形态
两淮之风：两淮文化特色与形态
八闽魅力：福建文化特色与形态
客家风采：客家文化特色与形态
岭南灵秀：岭南文化特色与形态
潮汕之根：潮州文化特色与形态
滨海风光：琼州文化特色与形态
宝岛台湾：台湾文化特色与形态

中部之魂

三晋大地：三晋文化特色与形态
华夏之中：中原文化特色与形态
陈楚风韵：陈楚文化特色与形态
地方显学：徽州文化特色与形态
形胜之区：江西文化特色与形态
淳朴湖湘：湖湘文化特色与形态
神秘湘西：湘西文化特色与形态
瑰丽楚地：荆楚文化特色与形态
秦淮画卷：秦淮文化特色与形态
冰雪关东：关东文化特色与形态

节庆习俗

普天同庆：春节习俗与文化内涵
张灯结彩：元宵习俗与彩灯文化
寄托哀思：清明祭祀与寒食习俗
粽情端午：端午节与赛龙舟习俗
浪漫佳期：七夕节俗与妇女乞巧
花好月圆：中秋节俗与赏月之风
九九踏秋：重阳节俗与登高赏菊
千秋佳节：传统节日与文化内涵
民族盛典：少数民族节日与内涵
百姓聚欢：庙会活动与赶集习俗

民风根源

血缘脉系：家族家谱与家庭文化
万姓之根：姓氏与名字号及称谓
生之由来：生庚生肖与寿诞礼俗
婚事礼俗：嫁娶礼俗与结婚喜庆
人生遵俗：人生处世与礼俗文化
幸福美满：福禄寿喜与五福临门
礼仪之邦：古代礼制与礼仪文化
祭祀庆典：传统祭典与祭祀礼俗
山水相依：依山傍水的居住文化

衣食天下

衣冠楚楚：服装艺术与文化内涵
凤冠霞帔：佩饰艺术与文化内涵
丝绸锦缎：古代纺织精品与布艺
绣美中华：刺绣文化与四大名绣
以食为天：饮食历史与筷子文化
美食中国：八大菜系与文化内涵
中国酒道：酒历史酒文化的特色
酒香千年：酿酒遗址与传统名酒
茶道风雅：茶历史茶文化的特色

国风美术

丹青史话：绘画历史演变与内涵
国画风采：绘画方法体系与类别
独特流派：著名绘画流派与特色
国画瑰宝：传世名画的绝色魅力
国风长卷：传世名画的大美风采
艺术之根：民间剪纸与民间年画
影视鼻祖：民间皮影戏与木偶戏
国粹书法：书法历史与艺术内涵
翰墨飘香：著名书法名作与艺术
行书天下：著名行书精品与艺术

汉语之魂

汉语源流：汉字汉语与文章体类
文学经典：文学评论与作品选集
古老哲学：哲学流派与经典著作
史册汗青：历史典籍与文化内涵
统御之道：政论专著与文化内涵
兵家韬略：兵法谋略与文化内涵
文苑集成：古代文献与经典专著
经传宝典：古代经传与文化内涵
曲苑音坛：曲艺说唱项目与艺术
曲艺奇葩：曲艺伴奏项目与艺术

博大文学

神话魅力：神话传说与文化内涵
民间相传：民间传说与文化内涵
英雄赞歌：四大英雄史诗与内涵
灿烂散文：散文历史与艺术特色
诗的国度：诗的历史与艺术特色
词苑漫步：词的历史与艺术特色
散曲奇葩：散曲历史与艺术特色
小说源流：小说历史与艺术特色
小说经典：著名古典小说的魅力

歌舞共娱
古乐流芳：古代音乐历史与文化
钧天广乐：古代十大名曲与内涵
八音古乐：古代乐器与演奏艺术
莺歌凤舞：古代大曲历史与艺术
妙舞长空：舞蹈历史与文化内涵
体育古项：体育运动与古老项目
民俗娱乐：民俗运动与古老项目
刀光剑影：器械武术种类与文化
快乐游艺：古老游艺与文化内涵
开心棋牌：棋牌文化与古老项目

科技回眸
创始发明：四大发明与历史价值
科技首创：万物探索与发明发现
天文回望：天文历史与天文科技
万年历法：古代历法与岁时文化
地理探究：地学历史与地理科技
数学史鉴：数学历史与数学成就
物理源流：物理历史与物理科技
化学历程：化学历史与化学科技
农学春秋：农学历史与农业科技
生物寻古：生物历史与生物科技

文化标记
龙凤图腾：龙凤崇拜与舞龙舞狮
吉祥如意：吉祥物品与文化内涵
花中四君：梅兰竹菊与文化内涵
草木有情：草木美誉与文化象征
雕塑之韵：雕塑历史与艺术内涵
壁画遗韵：古代壁画与古墓丹青
雕刻精工：竹木骨牙角匏与工艺
百年老号：百年企业与文化传统
特色之乡：文化之乡与文化内涵

杰出人物
文韬武略：杰出帝王与励精图治
千古忠良：千古贤臣与爱国爱民
将帅传奇：将帅风云与文韬武略
思想宗师：先贤思想与智慧精华
科学鼻祖：科学精英与求索发现
发明巨匠：发明天工与创造英才
文坛泰斗：文学大家与传世经典
诗神巨星：天才诗人与妙笔华篇
画界巨擘：绘画名家与绝代精品
艺术大家：艺术大师与杰出之作

戏苑杂谈
梨园春秋：中国戏曲历史与文化
古戏经典：四大古典悲剧与喜剧
关东曲苑：东北戏曲种类与艺术
京津大戏：北京与天津戏曲艺术
燕赵戏苑：河北戏曲种类与艺术
三秦戏苑：陕西戏曲种类与艺术
齐鲁戏台：山东戏曲种类与艺术
中原曲苑：河南戏曲种类与艺术
江淮戏话：安徽戏曲种类与艺术

千秋教化
教育之本：历代官学与民风教化
文武科举：科举历史与选拔制度
教化于民：太学文化与私塾文化
官学盛况：国子监与学宫的教育
朗朗书院：书院文化与教育特色
君子之学：琴棋书画与六艺课目
启蒙经典：家教蒙学与文化内涵
文房四宝：纸笔墨砚及文化内涵
刻印时代：古籍历史与文化内涵
金石之光：篆刻艺术与印章碑石

悠久历史
古往今来：历代更替与王朝千秋
天下一统：历代统一与行动韬略
太平盛世：历代盛世与开明之治
变法图强：历代变法与图强革新
古代外交：历代外交与文化交流
选贤任能：历代官制与选拔制度
法治天下：历代法制与公正严明
古代税赋：历代赋税与劳役制度
三农史志：历代农业与土地制度
古代户籍：历代区划与户籍制度

信仰之光
儒学根源：儒学历史与文化内涵
文化主体：天人合一的思想内涵
处世之道：传统儒家的修行法宝
上善若水：道教历史与道教文化

梨园谱系
苏沪大戏：江苏上海戏曲与艺术
钱塘戏话：浙江戏曲种类与艺术
荆楚戏台：湖北戏曲种类与艺术
潇湘梨园：湖南戏曲种类与艺术
滇黔好戏：云南贵州戏曲与艺术
八桂梨园：广西戏曲种类与艺术
闽台戏苑：福建戏曲种类与艺术
粤琼戏话：广东戏曲种类与艺术
赣江好戏：江西戏曲种类与艺术

传统美德
君子之为：修身齐家治国平天下
刚健有为：自强不息与勇毅力行
仁爱孝悌：传统美德的集中体现
谦和好礼：为人处世的美好情操
诚信知报：质朴道德的重要表现
精忠报国：民族精神的巨大力量
克己奉公：强烈使命感和责任感
见利思义：崇高人格的光辉写照
勤俭廉政：民族的共同价值取向
笃实宽厚：宽厚品德的生活体现

历史长河
兵器阵法：历代军事与兵器阵法
战事演义：历代战争与著名战役
货币历程：历代货币与钱币形式
金融形态：历代金融与货币流通
交通巡礼：历代交通与水陆运输
商贸纵观：历代商业与市场经济
印纺工业：历代纺织与印染工艺
古老行业：三百六十行由来发展
养殖史话：古代畜牧与古代渔业
种植细说：古代栽培与古代园艺

强健之源
中国功夫：中华武术历史与文化
南拳北腿：武术种类与文化内涵
少林传奇：少林功夫历史与文化